El veliz de Papá

Diseñó foto portada: Beatriz Ramos Talamante

Juan Enrique Ramos Salas
Editorial de Mil Agros

Copyright
Editorial de Mil Agros
Juan Enrique Ramos Salas
jers90@gmail.com   cel 6621277101
Hermosillo, Sonora, México. 2014
Edición para internet
ISBN-13:978-1500589684
ISBN-10:1500589683

Dedicatoria

A don Heri,
a toda su sangre
y a su parentela política.

Agradecimientos

A Néstor Braunstein.
A Ernesto Navarrete H.

Índice

Dedicatoria 5
Agradecimientos 5
Primera parte: don Beto 7
2ª: Papá rezumado en sus hijas e hijos ….. 73
3ª: De nietas y nietos sobre el abuelo …… 110
4ª: Para digerir los garbanzos de a libra …. 124
Finale: Que no sea pronto ……………….. 140

Primera parte: don Beto

1
    Papá nació el 10 de abril de 1915, en el poblado La Rosa, Coahuila, a unos 40 kilómetros de Saltillo. Algunas semanas después, según consta en acta, cuando mis abuelos fueron a registrarlo, don Pancho Ramos -de oficio labrador- y doña Panchita González -dedicada al hogar-, presentaron un niño vivo, sano y de raza indígena.
    -Así he de haber estado de prieto-, decía mi Padre cada vez que sacaba el tema. Y si podía, sacaba a relucir el acta para demostrarlo.
    Le pusieron Heriberto al niño y nadie por muchos años supo por qué ni de quién copiaron el apelativo. Papá fue el segundo en una familia de siete, aunque tuvo varios tres cuartos hermanos -y no medios hermanos-, pues don Pancho fue viudo de una hermana de doña Panchita.
    Papá se llevó siempre muy bien con todos, Panchita poseía un gran corazón y don Pancho también labraba el cariño. Buenas personas fueron los tíos Pancho, Rubén, Federico, Raúl, Othoniel y Arnoldo, muy lindas las tías Carmen, Graciela y Hermila. Amorosas e inteligentes, se visitaban y se ayudaban, reían de sus ocurrencias.
    Don Pancho y doña Panchita tuvieron varios hermanos y hermanas, de suerte que Papá creció al lado de primas y primos. La familia Ramos vivía

casi toda en la región carbonífera de Sabinas, Agujita y Palaú, donde don Pancho por un tiempo vendió frutas y en otro regenteó un camión para pasajeros. Luego fue labrador en un rancho, rodeado de huertos, chamacos, lechuguillas y gobernadora.

Papá platicaba mucho de uno de sus hermanos, que de chico enfermó de paperas y estuvo seis meses en cama. Cuando se levantó, ya había perdido el año y a la escuela jamás volvió. Siempre estuvieron juntos, era mecánico, grandote como Papá, nada más que él sí se ensuciaba, se metía debajo de los tractores y salía con su overol lleno de grasa. Güero, güero -y cachetón- era mi tío.

Papá solía recordar también a su tres cuartos de hermano Federico, que un día se fue de casa a buscar trabajo. Nadie en La Rosa supo de él durante meses, hasta que una noche le vinieron a avisar a don Pancho que su hijo estaba muy enfermo en El Salto, Durango. De inmediato mi abuelo se fue a buscarlo, pero, cuando lo encontró, Federico ya estaba bien muerto.

-Se lo chupó la tuberculosis-, le dijeron.

Papá no volvió a ver a su tres cuartos de hermano Federico. Intentó ir a El Salto, pero estaba todavía muy chavo y don Pancho no se lo permitió. Al poco tiempo, en vez de irse p´al Salto, Papá mejor jaló pa´Saltillo.

2

A los trece años de edad Papá se fue a estudiar a la recién estrenada Universidad Agraria Antonio Narro, en las afueras de la ciudad capital. Un tío le consiguió una beca y Papá tomó la oportunidad enseguida; seguro iba encantado, sí, pero -más seguro- iba asustadísimo, rumbo a lo desconocido.

Estuvo interno cinco años y se dedicó a machetear macizo. A los dieciocho, era ya un flameante ingeniero agrónomo.

Poco sé, la verdad, de lo que hizo Papá en esos cinco años, aparte de ser en su generación el más chavo. Supongo se trasladaría a La Rosa en algunos fines -o en vacaciones- y contaría maravillas; tal vez con sus compañeros iba de rol a Saltillo, quizás a ver a las chicas o a conseguir tantos de pisto, los primeros amores, las primeras parrandas, "haciéndose hombre".

-Al principio me daban mucha carrilla, pero aguanté vara-, decía Papá de ese tiempo.

Papá conservó y exhibió hasta su muerte dos imágenes emblemáticas de su paso por la carrera en "la Narro" durante su adolescencia: un dibujo y una fotografía.

De líneas finas, color amarillo sobre un fondo blanco, el dibujo es el del casco de la histórica

Hacienda Buena Vista, donada por don Antonio Narro para que ahí construyeran la Escuela de Agricultura. Un edificio de gruesas paredes de adobe encalado, imponente y solitario, enclavado en el monte coahuilense, rodeado por yucas gigantes y tan grande como para meter bajo el mismo techo salones, auditorio, dirección, oficinas, biblioteca, comedor, baños, lavandería y habitaciones donde alojar y atender jóvenes de origen rural, para que aprendieran a cultivar los campos de México.

Algunas noches en el cielo de ahí aún son maravilla. Sobre los techos de la planta baja, el casco tiene una amplia terraza donde vislumbro a Papá observando millares de estrellas, o mirando en el valle las luces tenues de la ciudad capital, o explorando los riscos y farallones de las majestuosas montañas del indio Zapaliname.

¿Y la foto, apá? Igual de fregona.

En blanco y negro aparece Papá en un grupo de quince jóvenes estudiantes mal vestidos, chorreados y despeinados, formados en fila frente a un maizal más alto que todos ellos. Se ven muy contentos: se habían ya graduado. Aparecen ahí retratados también un par de maestros, igual de chidos y henchidos.

La foto es emblemática porque captura esfuerzos rindiendo frutos, simboliza el deber cumplido y la certeza de haber podido; además tiene un detalle imposible de pasar desapercibido: para recordar los nombres de los presentes, Papá anotó un minúsculo número arribita de la cabeza de cada uno y, en el reverso de la fotografía, junto a cada guarismo escribió el nombre y el apodo de sus compinches: "El Negro", "la Pulga", "el Oso", "el Babas", "el Ñengas", etc. Papá es el ocho y aparece en el mero centro, con su cabello oscuro, rizado, tirando -como el maizal- hacia arriba.

Don Pancho y doña Panchita asistieron felices a la ceremonia de graduación, pero luego se fueron tristes, pues su hijo Heriberto, el buen Beto, ahora ingeniero agrónomo, jamás a La Rosa a vivir volvería.

3

Luego de cinco años estudiando en el internado, en el monte y al aire libre cultivando parcelas, te fuiste a buscar chamba al DF, Papá, que entonces era todavía la región más transparente.

Vivía ahí tu hermano mayor, Raúl, estudiante de medicina en la Universidad Nacional. Estaban tan ruinos que dormían en la misma cama, uno de día y otro de noche. Al amanecer de cada mañana, llegaba Raúl de las guardias y tú te levantabas para ir a buscar empleo. Eran los tiempos de la gran depresión, aunque ya de salida, en el 33.

No duraste mucho en la capirucha, pero sí conseguiste trabajo y te mandaron a Guadalupe y Calvo, Durango, a jalar como agrimensor. Allí viviste un rato y hasta te andabas casando con una preciosa de la localidad, solo que entonces Lázaro Cárdenas decretó el reparto agrario de los latifundios en La Laguna y lueguito supiste que en Torreón habría mucho futuro.

Eras apenas un ingenierillo de veinte años de edad, pero sabías de la magia del teodolito y -con su lente y tripié, tus 1.86 de estatura, el cuerpo delgado y los cabellos negros rizados en bucles- lograste que te contratara el Banco Ejidal para deslindar los ejidos recién "criados".

Ya te veo partir plaza caminando por la avenida Morelos, desde el edificio del banco hasta la Alameda, en la pujante Laguna, la perla del algodón. Al poco tiempo, te nombraron jefe de Zona y te asignaron para tus traslados un potente camión, empezaste a sembrar unas tierras, a ganar un poco de lana, pero entonces se te atravesó el Amor.

Conducía mi Padre su camión de volteo casi a vuelta de rueda, cuando, caminando espigadas en la Plaza de Armas, divisó a cuatro jóvenes de tez blanca y piernas delgadas, chamorro incipiente, cabello ondulado y sonrisa muy limpia. Eran las Salas -Refugio, Carmen, Blanca y Bertha-, hermanas llegadas desde San Buenaventura, Coahuila, a la ciudad magneto que en esos tiempos era Torreón.

En cuanto las vio se clavó en la segunda, quizás por sus ojos tristes o porque ella no evitó su mirada ni le hizo gesto de enojo alguno, ni le sonrió, pero al completar otra vuelta a la plaza, sus ojos se cruzaron de nuevo y él percibió un sensible cambio de ritmo en su corazón.

Pronto encontró donde vivían esas flacuras y comenzó a pasar por su casa, a pitarles y a acelerarle al camión. Luego, desde dos cuadras antes se oía rugir a la máquina y Refugio a Carmen ya le decía:

-Ahí viene tu galán el chofer otra vez-.

A los dos años ya estaban casados. Él era un buen partido, mozo, alto, alegre y trabajador. Ella no se quedaba atrás: era la secretaria del gerente de la matriz del Banco Nacional de México, en la impetuosa ciudad de Torreón.

De luna de miel se fueron en autobús rumbo a San Antonio, pero, en Monterrey -¿para qué harían escala?-, se encontraron con otra pareja en las mismas, sólo que en automóvil privado y descapotable. No sé por qué ni cómo, caso es que siguieron el viajemielero juntos.

Hay fotos de los cuatro en las calles de San Antonio, en las aceras frente a las tiendas de ropa de moda -o en el restaurant del hotel- recargados en el descapotable. Los hombres, serios y vestidos de traje casimir inglés, planchadas camisas y lustrosas corbatas, tupido y bien recortado el bigote, calado el sombrero de palma, clarita, tipo jipijapa o Panamá; las mujeres, sonrientes y con lentes oscuros, vestidas en vaporosos olanes, sus cabezas envueltas por pañoletas de vivos colores, bolso nuevo en el brazo, luciendo radiantes.

En apenas seis años progresó sin duda bastante mi Padre. En los siguientes veinte progresó aún más.

4

A su regreso de la luna de miel, Papá y Mamá se fueron a vivir al ejido La Rinconada, municipio de Gómez Palacio, Durango. Ahí Papá comenzó a sembrar, cultivar y cosechar algodón.

Corrían los años de 1940 a 1942. A la guerra en Europa, Estados Unidos entró en el 41 y la demanda por la fibra del oro blanco se fue al cielo, las tierras de la comarca lagunera se pringaron de verde tupido en capullos moteados de blanco. Torreón se convirtió en punto de abasto mundial. Grandes comercializadoras establecieron oficinas, despepites y bodegas, millares de pacas de algodón comprimido y flejado en rasposas telas de ixtle color caqui, brotaron como de milagro por doquier, acomodadas en alargadas hileras sin aparente final. El área de cultivo llegó hasta más allá de cien kilómetros a la redonda de la brillante perla lagunera que era Torreón.

En el centro de esa vorágine, en mero medio de todo ese bullicio, capacitado como ingeniero agrónomo, Papá al tiempo cuajó -de agrimensor pasó a agricultor- y, aparte de asesorar a ejidatarios y pequeños propietarios, por su trabajo en el Banco Ejidal, cada vez sembró más y mejor algodón...

Pero, una tarde noche, ya descansando con Carmela en su casa de La Rinconada, oyó que tocaban fuerte a la puerta. Era el general en jefe de la zona militar, que tenía unas tierras junto a las que Papá asesoraba y venía muy enojado porque su algodón estaba muy ralo -y a Papá le echaba la culpa-, así que sacó su pistola y lo amagó. Pero Papá, como muchos de los Betos en este mundo, era un hombre afable y bonachón, de modo que el asunto no pasó del susto y Mamá aprovechó para insistir en que ya se fueran a vivir a Torreón, allá había escuelas, allí vivían sus familiares y allí estarían más seguros.

Fue así, creo, que llegaron a ocupar la casa de enfrente de una privada en la Ocampo, a cuadra y media de la Colón, muy cerca de los abarrotes don Pilo -famosos porque daba pilón-, a media cuadra de la panadería Las Conchas y de las nieves Estrella, enseguida de un sastre y vecinos de sus amigos, primos y hermanos, que hervían en chiquillero, travesuras, jolgorio e ilusión.

La casa de Mamá y Papá era de esas tipo *chalé* de dos pisos, techo inclinado cubierto de teja roja, blancas paredes; barda de dos hileras de block enjarrado al frente, rematada en malla de alambre; porche pequeño y enrosalado jardín, bajo la sombra de un balcón de madera, pintado de ámbar, junto a la habitación principal.

Allí vivieron Papá y Mamá y todos mis hermanos y hermanas de entonces hasta 1952, año en que yo nací. Papá había conseguido con un socio la distribución de una marca de maquinaria agrícola y empezaron a vender tractores, trilladoras, arados, tolvas y demás implementos agrícolas para la labor, traídos en barco y en tren desde Inglaterra, la vieja albión. Después compró unas hectáreas en Ceballos, Durango, a 120 kms de Torreón.

5
No podría decir que mi Jefe gozó todos y cada uno de los días de su vida, pero sí de la gran mayoría. Don Heri, como le dijeron un tiempo, fue activo, productivo y optimista, era de los que aprovechaban el día, ¨practicaba la máxima romana del *Carpe Diem*¨ (Jaime *dixit*).

Le gustaba mucho reír a Papá, gozaba cada bocado de sus comidas y sorbía cada cucharada de sopa. Un hombre de espaldas anchas y tronco elevado, glotón, juguetón y panzón.

Era como un gigante.

A mí me gustaba llamarle Beto, así escuché a sus hermanas y hermanos nombrarle y así supe que le decía su madre. Fue buena onda mi Padre, empático, gregario, siempre haciendo algo, creando, sembrando, reuniendo sujetos, dispuesto a ganar.

Beto tuvo con Carmela en veinte años diez críos, siete hijos y tres hijas, a un ritmo fenomenal. No había píldora en ese entonces ni había llegado la televisión a Torreón. Nacimos así, espaciados casi cada dos años, Rosa María, Heriberto, Federico Humberto, Enrique, Jaime Sergio, Rosario del Carmen, Juan Enrique, Francisco Javier, Gabriela Margarita y José Luis. Mamá era buena clienta del sanatorio español. Tiempo después Papá tuvo a Heriberto Alejandro, nuestro único medio hermano.

Ninguno nos hemos dedicado a la agricultura, aunque la editorial en la que publico mis libros la llamé Editorial de Mil Agros. Papá mismo nos alejó de las fuerzas del campo, las idas a Ceballos en el desierto con espejismos y la calor. A veces nos llevaba los sábados. Jaime dice que una vez fueron y vinieron el mismo día en el tren, no se le olvidan el traca traca de los vagones sobre las vías, ni el viento cálido que le secaba la piel.

En mis más remotas imágenes recuerdo al Papá *dendenantes* y lo pinto circundando la siembra, -algodón, sorgo, cártamo, trigo-, maneja su camioneta despacio, a vuelta de rueda, el brazo extendido, la mano al volante, la frente sudada, el ojo y el olfato atentos, cazando la chinche, oliendo al gusano. Va junto a su socio en turno: Rubén, don Pedro, el tío Tito, don Arturo, jóvenes o viejos, de alcurnia o no, parientes o no, Papá en eso no distinguía, veía muy bien en las personas el potencial que tenían y sabía arreglarse con ellas para que hicieran lo necesario. Siempre iban a mitas.

Papá reía hasta que se le salían las lágrimas. Y eso lo hacía dos o tres veces diarias, mínimo. Era jocoso el Gordo, tenía que aguantarse pues se le acababa el aire y al abrir su boca se le veían sus minúsculos dientes. Es curioso: un hombre tan grande con los dientes tan chiquitines.

Mamá se molestaba con él cuando se reía tanto o de ella, pero lo aguantó por décadas.

Nunca nos pegó mi Padre. Cuando Mamá agotaba ya su paciencia -desesperada le reclamaba que él nunca nos regañaba ni nos decía nada-, le pedía que de perdida nos diera unos cintarazos, para ver si así nos calmábamos. Papá entonces nos ordenaba meternos a un cuarto, cerraba la puerta y nos decía en susurro -Hagan como que lloran- y ya luego se quitaba el cinto y cintareaba fuerte el colchón. Nosotros, asombrados, con cara de pícaros, cómplices, asentíamos y aullábamos ¡auuu!

La vez que vi más enojado al buen Beto fue cuando mi hermano, en la regadera en que lo bañaban sus amigos para bajarle la borrachera, se les resbaló y cayó ensartando su axila en una de las llaves puntiagudas del baño. Ya de regreso en casa, luego de curarlo y coserlo en el hospital, Papá estaba furioso.

Mi Padre nos alentó siempre a superarnos y a estar contentos. Una tarde le dije que estaba yo triste. Tenía como unos 20 años.

-¿Cómo triste?- me preguntó intrigado; luego, práctico como de costumbre, añadió:

-¡No, hombre, no estés triste, ríe, mira, jajajá, jijijí, 20 años!-.

En otra ocasión -estábamos en el porche- objetándole que hubiese tenido tantos hijos, que no conocía yo a la mayor de mis hermanas, como impulsado por un resorte se levantó de su silla y me dijo:

-No hay ningún problema, mira, ahoritita te la presento. Y pegó un grito hacia dentro de casa:

-¡Rosssyy!, ¡ven para acá por favor, aquí alguien te quiere conocer!

-Yo soy pragmático-, solía decir, con gusto de sí mismo.

No se metía en enredos, era directo, ajeno a tergiversaciones. Claro que tenía sus secretos, pero era ameno, inteligente, amigable, se ponía en tus zapatos, a todos les buscaba lado y cuando no se los encontraba les buscaba por otro o -ya de plano- lejos de frustrarse y amargarse, se ocupaba en otro propósito.

Sin embargo, no ajustaba un tornillo ni sabía nada de electricidad o mecánica automotriz, mucho menos de plomería o albañilería. Eran problemas humanos los que resolvía. No batallaba para decidir ni manejaba en su discurso conceptos explícitos, mucho menos teorías.

Papá, quizás, debió haber sido médico, le encantaba automedicarse. Tenía un libro gordote, un catálogo de medicinas del grueso de un directorio telefónico en el DF, su *vademécum* de cabecera que consultaba seguido.

Una Navidad cayó enfermo, justo después de la cena. Fue a dar a un hospital del Seguro. Ya que lo estabilizaron, estaba requeterrecontento porque lo atendieron muy bien y sin pagar ni cinco.

-A la gorra no hay quien le corra-, entonces dijo, una de sus expresiones favoritas. Por la ventana, en el cuarto del quinto piso, divisaba Torreón enterito.

-No me voy a ir en ésta-, agregó sonriendo.

¡Ah qué don Heriberto!, en verdad la gozaste, no perdías un instante, te echabas tu siestecita diaria, paladeabas tus postres, te emocionabas con tus interminables iniciativas y sociedades, la liga de tu abultada cartera la presumías como un chiquillo travieso; orgulloso de tus ocurrencias te encantabas usando calcetines de colores chillantes, cultivaste una relación con cada uno de tus descendientes, hijos, hijas, nietas y nietos, siempre pendiente, siempre dispuesto, en lo cotidiano, una visita, una llamada, una invitación.

Tu primer nieto un día me dijo que una vez que pasó por el DF, fuiste a verlo en el aeropuerto los pocos minutos que les permitió su escala. No se le olvida que viajaste tal vez una hora para verlo unos minutos. Fuiste un hombre completo, juguetón y encantador. Exigías sin aplastar. Aunque a mí sí me quedó un que otro traumilla: tal vez por eso esté aquí escribiendo.

Papá siempre traía la cartera llena, aunque no de billetes necesariamente. Gorda como él, la amarraba con un par de ligas. Se jactaba de su cartera pachona y de sus ligas. En las sobremesas la extraía de su bolsillo y empezaba a sacar fotos de Mamá, en diferentes momentos, fotos suyas, de sus hijos e hijas, nietas y nietos. Era su *feisbuc*.

Papá convivía, platicaba, le gustaba que hubiese invitados a comer en su mesa. Al terminar, se deleitaba partiendo y repartiendo rebanadas de sandía roja y jugosa que comíamos mientras contaba cómo iba la siembra o nos preguntaba qué habíamos hecho en la escuela o cómo nos habíamos portado con Mamá. Y, en otro tiempo, nueces traía a la mesa y comíamos nueces *Pecan* que él quebraba con un cascador cromado.

6

Al inicio de la década de los 50 Papá había ya acumulado algo de experiencia, un par de kilos de grasa y otros de capital. A sus 35 años era un empresario diversificado, pequeño propietario productor de algodón, vendedor de maquinaria agrícola de reconocida marca internacional y modesto constructor de viviendas para rentar.

En 1951, Papá tenía dos hijas y tres hijos cuando compró una esquina de cerca de mil metros cuadrados en el cruce de las calles Urrutia y Santiago Lavín, en la colonia Los Ángeles, una de las más *pípiris* de Torreón. Allí mandó hacer la casa donde vivió hasta que murió, cincuenta años exactos después. Allí nacieron otros tres hijos y una hija más que Carmen Carmela le dio.

La casa en Urrutia 587 fue más bien un caserón construido en dos pisos, con forma de cubo cuasi perfecto y bardeado por un cerco de piedra bajo, rematado por una malla ciclónica de alambre cuadriculado en diagonal y cubierto por un muro de arbustos llamados trueno en la región.

La casa estuvo rodeada en su frente y costado norte por una franja de pasto y unas jardineras con matas y flores de vistosos colores. En el costado sur residió siempre verde un amplio y rectangular jardín, con geranios y nochebuenas, una lima, una mandarina y un frondoso árbol que sirvió, en un tiempo, de poste de portería, y, en otro, de asiento de nuestros escondites, cuando nos encaramábamos como changos y pasábamos horas entre las ramas jugando al Cromagnon.

En la parte trasera, al poniente, la casa estaba protegida y delimitada por una sucesión de espacios: una cochera para dos automóviles y un cuarto cerrado para la lavadora y la mesa de planchar; otro cuarto, abierto, con dos lavaderos a mano, una tina de concreto pulido, el boiler y un clóset para guardar la cortadora del pasto y otros adminículos para el jardín; un patio largo con su tendedero de alambres; y dos habitaciones y un baño para las personas que durante más de una vida le ayudaron a Mamá en la crianza y en la cocina, Hortensia y Rebeca Flores, que fueron como nuestras Mamás también.

Rebequita cocinaba riquísimo, hacía tortillas de harina y buñuelos que enloquecían a Papá y a nosotros por igual. Tencha era de la misma edad que

Mamá y nos cuidaba y alzaba la casa cuando no estaba la mera Chif del hogar.

En el piso de arriba, la casa en Urrutia 587 tuvo cinco recámaras, tres baños, una amplia terraza, un clóset de blancos que siempre olió a naftalina y una estancia familiar que llamábamos jol (*hall*).

Una recámara era la habitación de Papá y Mamá, con su tabla de multiplicar gigantesca, de abombados colchones y par de burós, dos clósets con cajoneras y estantes, baño de tina e imponente espejo rectangular donde veíamos a Papá rasurarse cada mañana, con su máquina zumbadora deslizándose sobre su cuello alargado y su par de cachetes rechonchos; o veíamos y oíamos a nuestros rostros gritar cuando Mamá nos untaba las manos de glicerina, agrietadas por andar jugando canicas en el terregal.

Otra habitación, enseguida, fue para el bebé que nacía cada dos años -y que Mamá conservaba cerca-, tenía una cuna de barandales altos, clóset, dos grandes ventanas y una puerta metálica de acceso a la terraza.

Del otro lado del *hall* estaba la recámara para las nenas, con sus camas gemelas siempre muy bien tendidas, el clóset respectivo lleno de vestidos, tocador, banquito aterciopelado, espejo de media luna y baño adjunto con botiquín. Ahí comenzaba un pasillo en cuyo muro de entrada Papá y Mamá colgaron, enmarcado en un pequeño rectángulo, el poema de nombre LEY, del inglés Rudyard Kipling, impreso en letras heráldicas y acomodado en dos columnas:

¨Hijo:

Si quieres amarme
bien puedes hacerlo,
tu cariño es oro
que nunca desdeño,
mas quiero comprendas
que nada me debes,
soy ahora el padre
tengo los deberes.
Nunca en mis angustias
por verte contento
he trazado signos
de tanto por ciento.

Ahora, pequeño,
quisiera orientarte,
mi agente viajero
llegará a cobrarte,
será un hijo tuyo
sangre de tu sangre,
presentará un cheque
por cien mil afanes
y entonces, mi niño,
como un hombre honrado,
a tu propio hijo
deberás pagarle.¨.

A la mitad del pasillo, había una puerta que daba al clóset de blancos y a la oscura y sinuosa escalera de atrás. Un canasto para la ropa sucia, un rinconcito donde había agua, tinas, jabón, tinta para bolear y trapeadores y escobas para el aseo, vivieron por años ahí también.

Tres puertas de igual tamaño enmarcaban el fondo del corredor: una, la del baño para los hombres, forrado de azulejos color amarillo, donde nos bañábamos todos haciendo relajo y a veces hasta Papá; otra, la de en medio, daba a la recámara del varón primogénito, con cama matrimonial, par de burós y sendas lámparas de pantalla, espejo en forma de luna llena, cómoda armatoste de cedro, gran ventanal y clóset con estantes y cajoneras también; la tercer puerta daba al cuarto de los otros varones, la pelusa, la tropa, el peladaje que vino después, en el que había tres camas, un clóset, una ventana y otra puerta de acceso a la terraza desde donde se veía el verde jardín lleno de rosas, geranios, mandarinas y limas que cultivaba Mamá.

En el piso de abajo, la casa en Urrutia 587 tenía, entrando, para la espera del anfitrión un pequeño recibidor con espejo oval y un par de sillones frente a un tapetito. A la derecha estaba una sala con chimenea de piedra, dos sillones largos, una mesita y cuatro sillas para el dominó; a la izquierda, un comedor con enormes ventanas, un candelabro colgante de vidrio tallado en forma de gotas gigantes y una enorme mesa negra con un espejo transversal biselado en el centro.

Las puertas de acceso a estas dos piezas eran corredizas, de maderas incrustadas con cristales rectangulares, de modo que cerradas podías aún asomarte y ver parcialmente hacia dentro; luego, al abrirlas desaparecían, pues deslizaban en rieles que se metían en muros ahuecados con tal fin.

Una espaciosa escalera con dos descansos y ventanales de piso a techo, barandal de solera pintada en blanco y terminado en fina madera -que nos servía de resbaladero al bajar a desayunar o a comer o a cenar-, subía hacia el segundo piso desde el pequeño recibidor.

Un biombo desplegado cubría la entrada al comedor cotidiano; enseguida, un espejo rectangular y una mesita donde Papá dejaba las llaves de su auto ocuparon modesto pero central sitio, al lado de la entrada a la biblioteca -que también fue estancia- con toda una pared recubierta por imponente librero, repleto de libros y adornos, enciclopedias clásicas acompañadas por figurillas de cerámica o de marfil, muñequitas japonesas en sus kimonos, las fotos de los abuelos cuando se casaron y otros *souvenirs* más.

En la biblioteca le encantaba a Papá sentarse a leer en su sillón favorito, mis hermanas oían música en una consola o recibían a sus novios y nosotros jugábamos en el suelo sobre el tapete a adivinar en los mapas de las enciclopedias los nombres de países lejanos. Allí, en una de las paredes estuvo colgado en lo alto desde el principio, el título del ingeniero agrónomo bigotón de La Rosa, Coahuila; y, poco a poco, con muchos esfuerzos y muchas neuronas, con el pasar de los años, conforme los hijos e hijas se fueron graduando, se fue la pared llenando con otros títulos de profesionista, un abogado, dos economistas, una licenciada en relaciones industriales, un ingeniero electrónico, una contadora pública, un ingeniero mecánico, un administrador de empresas, una psicóloga –ningún ingeniero agrónomo- y una cascada de diplomas de maestría y doctorado en otras disciplinas después, cumpliendo el mandato y la ilusión de los tiempos de esa generación. Hubiera sido realmente titánico en esta familia el no estudiar.

A un costado de la biblioteca, al término de un pasillo ocupado por un sillón y una mesita con cajón y lámpara, hubo un baño para visitas, a donde Papá entraba directo a orinar y a lavarse las manos cuando llegaba puntual a la casa en mediodía a comer; estaba por ahí también, un tanto discreto, un pequeño almacén oscuro, debajo de la escalera, donde mi hermana y yo nos escondíamos jugando a perdernos enseguida de la aspiradora color rojo metálico, que fuerte rugía al limpiar las alfombras de la biblioteca, la sala y el comedor especial.

El comedor cotidiano, con mesa redonda cubierta de formica blanca, rodeada de diez sillas y mueble empotrado de pared a pared, daba una idea del ambiente de democracia que les gustaba a Papá y Mamá mantener en casa. Sabrosas tertulias, comilonas y sobremesas sucedieron ahí. Ilustres personajes y no tanto, saborearon los platillos de Rebequita.

Enseguida del comedor residía un gran calentón que quemaba petróleo y llenaba la casa de hollín en invierno. Luego, un pasillo iba hacia la despensa alacena que Mamá siempre cerraba con llave para que Papá y sus hijas e hijos no entráramos a comer galletas y chocolates -ni a tomar los refrescos- que precavida atesoraba ahí.

Al final, el pasillo desembocaba en la cocina, con puerta de salida al patio, horno, lava trastes, gabinetes, estufa, refrigerador y mesa donde Rebeca y Tencha nos daban de desayunar, comer y cenar. Allí, en algunas cenas mi hermano mayor se subía a lanzar sus arengas y catilinarias contra la Srita. Pilar, la directora del colegio La Luz, escuela primaria a donde fueron mis hermanas a estudiar.

7
En 1954, apenas dos años después de haber estrenado casa, Papá estuvo en un tris de perderla, pues la dio como garantía de unos créditos en dólares para comprar tractores, tolvas, trilladoras y más. En ese año vendió cien trilladoras en todo el país, pero vino la devaluación del peso, que saltó de 8.50 a 12.50 por dólar, y lo cimbró.

Decía Carmen Carmela que Papá se puso entonces como desaforado a vender todo lo que había juntado y, poco a poco, todo pagó.

Como a veces no hay mal que por bien no venga -y en veces también de las cenizas se levanta un nuevo fénix, aunque sea un tanto achicharrado-, así Papá pudo al fin constituir su negocio más núcleo, su firma emblemática, la Comercial Ramos, S.A. de C.V.

La casa de la Urrutia fue entonces el escenario para todas las fiestas de celebración del rosario de ritos sacramentales que cumplidamente cada uno de los hijos e hijas protagonizamos. Pasaron por ahí decenas de invitados a bautizos, confirmaciones, primeras comuniones, cumpleaños, piñatas, pedidas de mano, bodas, graduaciones, tardeadas, etc.

Ciertas tardes de cada quincena, las salas, los pasillos y comedores de casa se llenaban de mesas con señoras de cabellos en crepés muy bien peinados, jugando a la baraja, platicando por horas y tomando café, todas emocionadas gritando al entregar el pozo. Y en diciembre, con las familias de las cuatro hermanas y de los dos hermanos de Mamá, allí celebrábamos las cenas de Navidad, nos juntábamos los miembros de casi toda una tribu, un clan como de cincuenta, tronábamos cuetes, cenábamos pavo y abríamos los regalos que nos había traído el Santo Klaus.

En la casa de la Urrutia éramos tantos hacia finales de los 50 que formábamos dos pandillas de hermanos y hermanas -el Pujido y la Vencedora- para pelear y jugar luchas en las noches, apenas Mamá y Papá salían al cine o a alguna fiesta, una boda o un baile, pues bien que tenían una vida social. En ese tiempo estaba de moda Tarzán y el actor que lo interpretaba, Johnny Weismuller, en las películas aparecía semidesnudo, cubiertas apenas con un paño de cuero sus nalgas y partes nobles, pero sin calzón. A uno de mis hermanos le gustaba imitarlo y a las luchas salía con un par de toallas pequeñas amarradas con un cinto a su cintura -una adelante y otra atrás- y nosotros no descansábamos hasta ver caer en el suelo el cinturón.

En veces, cuando escuchábamos que una de las puertas de la cochera de pronto se abría, rápido recogíamos todos los restos de la batalla, nos secábamos el sudor y nos metíamos apurados en las camas a simular que estábamos bien dormidos, pues al rato llegaban Papá o Mamá a darnos un beso a sus querubines, que nos portábamos muy bien.

En 1952, cuando los Ramos Salas nos cambiamos a vivir a la calle Urrutia, en el límite extremo hacia el sureste de su propiedad, Papá y Mamá sembraron una palma datilera chiquita, que con los años fue convirtiéndose en puntual cronómetro y/o marcapasos de los acontecimientos más relevantes de la familia. Esa palma nos vio jugar canicas o al hoyito y al arrimado con los tostones de cobre y los pesos de plata, nos vio meter goles entre los pinabetes y quebrar cristales de dimensiones considerables. Esa palma vio cuando le volaron la rodilla a mi hermano el Pelelico.

Javier y yo jugábamos en la terraza cuando oímos el golpe seco entre metal, carne y hueso, seguido de desgarrador grito. En la cocina, Mamá y Rebeca presintieron lo peor. Cuando se encontraron con su presagio decepcionado, aflojaron el cuerpo.

Al Pelelico se le veía la grasa amarilla pliegosa en la rodilla sin rótula, estaba en el suelo tirado, berreando, la sangre se le hacía melcocha, pero no estaba muerto: a Federico lo había atropellado el chofer de un vecino, que venía manejando despacio su coche, pero en sentido contrario y distraído por ir flirteando con unas jóvenes que caminaban sobre la acera. Federico iba manejando hecho madre la moto del Grillo su amigo, agarró la curva bien abierta y fue y se estampó en la defensa robusta del automóvil aquel.

8

No fue mi Jefe un hombre de costumbres católicas. Cuando le preguntaba por qué no iba a misa los domingos, como los papás de mis amigos, me contestaba que algunos de esos señores que veía yo ahí muy persignados, comulgando, hincados, contritos, seguro traían algún pecado, una falta, que no tenían el alma tan pura. Tampoco fue mata curas, tenía sus amistades en esas filas, los más auténticos, el padre Campos, el padre Rizo.

Papá fue un hombre de pocas culpas.

La única iglesia de la que fue parroquiano fue la de los cafés con sus amigos los agricultores. Al que más recuerdo es a don Fermín, un flaco, alto y curioso, siempre con una sonrisa que mostraba su gran dentadura, debajo de un mostachón entrecano. Solían asistir todas las mañanas entre semana a los del Apolo Palacio, Los Globos o a los de los hoteles Río Nazas, Calvete, muy pocas veces lo vi en el del Elvira. Allí se juntaban, una hora diaria, como de 11 a 12, religiosamente, ya que según ellos dejaban en marcha los asuntos en la oficina; se iban al cafecito, a la tertulia, a comentar las noticias o a botanear un rato. Hacia el final, Papá regresaba contando quién se había muerto, cuántos quedaban ya en la mesa y quién sería el próximo.

En el Apolo se sentaban en unos sillones de respaldo alto muy bien acolchonados, de esos de forro de plástico. Las paredes del restaurant estaban pintadas con murales de paisajes laguneros o con escenas históricas de la región, la gente cosechando algodón en la ribera del Nazas.

A eso de las once de la mañana siempre había ahí un gentío y los meseros atendían con cordialidad y presteza. No podría entrar en detalles sobre ese tiempo de esplendor y auge cuando en La Laguna los agricultores producían miles de pacas de algodón y amasaban no solo grandes fortunas de dinero en los bancos -que al año siguiente perdían-, sino que también tenían cientos de bodegas llenas hasta el tope de semillas y de borra de esa planta maravillosa, ese oro blanco que le dio de comer y de vestir a muchísimos más que cien mil.

En alguno de sus hermosos libros, mi hermana Rosario narra cómo de niños jugábamos a tirarnos en las montañas formadas por esas bolitas blancas de borra, sin temor de nuestros padres a perdernos sumergidos en tan espaciosos volúmenes o a morir asfixiados de tanto polvo ahí dentro.

En esos tiempos también Papá y Mamá hacían un par de viajes al año a San Antonio, Texas, o a Laredo, para ajuarearse, a chiviar, o a fayuquear; compraban ropa de temporada para los hijos, regalos de Navidad o pinos de ornato que Mamá luego vendía. Se iban en carro y hacían una escala en La Rosa, paraban a visitar parientes, estirar las piernas y descansar un rato.

Papá ahí cargaba la pila, oliendo al terruño.

Salían de Torreón muy temprano un viernes, compraban el sábado y regresaban el domingo como en mediodía. Nosotros entonces, antes de oscurecer, íbamos a esperarlos en la banqueta del boulevard, buscando en la distancia que apareciera el Austin Cambridge tan único, tan diferente. Ya que lo descubríamos pegábamos brincos y luego enseguida de él nos íbamos corriendo unas dos cuadras, muy contentos y deseosos de ver lo que nos habían traído, ¿qué sacarían de los velices en esta ocasión?

Una vez llegaron muy noche y tuvimos que regresar a la casa a esperarlos. Mi tía Inés nos cuidaba y nos arrullaba en las mecedoras rojas del porche, enseguida del árbol de mandarinas en el jardín, cantándonos y susurrándonos con su voz dulce insustituible que aún escucho en la oscuridad:

-Señora santa Ana, ¿por qué llora el niño?, por una manzana, que se le ha perdido-.

9

Hay otra foto en blanco y negro, emblemática, de un momento cumbre y crucial en la vida de don Heriberto.

En ella aparece Papá al lado del licenciado Adolfo Ruiz Cortines, entonces Presidente de México, un ruco delgado y canoso, de origen veracruzano. Están en el centro de un grupo de diez o doce hombres que les acompañan, el secretario de agricultura del gobierno federal y los integrantes de la Asociación nacional de productores de algodón, de la cual Papá fue máximo dirigente. Todos visten finos tacuches y llevan recortadito el pelo. Están parados detrás de un escritorio y enfrente de un librero forrado de tomos gruesos. Es en Palacio Nacional, en la oficina del número uno de México, el mero preciso de la nación. Lucen contentos, orgullosos, como si acabaran de firmar importante acuerdo. Papá es el más alto, es fornido, tiene 43 años y una gran cabellera que apunta todavía hacia arriba, trae unos lentes de armazón gruesa color negro y vidrios casi redondos.

Papá guardó y conservó enmarcada durante toda su vida esta foto. La colocaba enseguida de la otra, la del espigado maizal, a la misma altura, en el mismo nivel. El momento es cumbre porque no podría llegar ya a lugar más alto como empresario agrícola; y es crucial, creo, porque marca el inicio de su carrera política.

Al principio de los 60, justo durante la primer crisis de los misiles, por el triunfo de Fidel en La Habana, en medio de lo más frío de esa época mamona que fue la denominada guerra gélida entre la Unión Soviética y Estados Unidos, Papá tuvo con Carmen su último hijo, el más joven miembro de su familia, la Ramos Salas. Y como si se reiterase la certeza de esa ilusión clamorosa que afirma que cada chamuco viene con torta, ocurrió entonces en el estado de Coahuila un suceso inédito en su vida política, lamentablemente todavía no repetido: a la gubernatura de la entidad llegó un político originario de La Laguna, del que Papá siempre fue aliado y amigo.

En 1962, Papá fue designado candidato por el PRI a la presidencia municipal de Torreón, la perla de La Laguna. En el primer semestre del 1963 hizo campaña y el 5 de julio de ese año fue electo. El primero de enero de 1964, en el estrado del espléndido y abarrotado teatro Isauro Martínez, tomó protesta como Presidente para el trienio 1964-1966, Heriberto Ramos González, el hijo más destacado (claro, según yo) que ha dado hasta ahora La Rosa, Coahuila.

¡Cómo la disfrutó mi Padre, cómo jaló, montones de cosas que hizo!

Papá comenzó a viajar con frecuencia ida y vuelta en avión a la Ciudad de México. Siempre se iba y regresaba contento. A nosotros nos encantaba ir con Mamá a dejarlo o a recibirlo al aeropuerto. Apenas y estacionaban el Austin y salíamos chicoteados corriendo a toda velocidad para ver quién llegaba primero a la bardita en el jardín exterior que servía de límite para los no viajeros, a unos pasos de las aeronaves, con sus motores bramando y sus hélices gira y gira. De ahí corríamos luego, con paso de caminata, hasta llegar a la terraza o al lugar donde los pasajeros entregaban o recogían su equipaje.

El veliz de Papá en ese entonces era una petaca de metal liviano, color gris claro aluminio, como un cajón portátil de regular tamaño y acabado muy liso. Papá parecía con él detective, sobre todo en invierno, pues se envolvía en gabardina larga, sombrero de fieltro, bien lustrado el calzado, guantes y lentes oscuros.

Cuando se iba a ir de viaje Papá, desde lo más alto del clóset bajaba su maleta plateada, caminaba con ella unos pasos silbando y la colocaba sobre su cama; luego, sin parar de chiflar cualquier melodía, la abría con su dos manazas, girando casi simultáneamente las hembras de un par de chapas en el veliz empotradas; éstas, cual si furiosas al verse de sus machos desabrochadas, botaban bien fuerte y hacían un ruido duro, seco, como un par de disparos. Esos tronidos nos encantaban y le pedíamos a Papá que los repitiera una y otra vez; y Papá ahí nos daba coba un rato grato, nos pastoreaba; después, desplegaba amplio el veliz, girando en sentidos opuestos sus dos mitades casi simétricas, unidas por unas bisagras.

Iba y volvía Papá de la *petlácatl* al clóset y ya de nuevo silbaba o nos platicaba a dónde iría, qué lugares visitaría, con quién desayunaría en la Casa de los Azulejos, mientras descolgaba del clóset un traje, un par de camisas y algunas corbatas que ya luego en una mitad del veliz con cuidado acomodaba; ciertas veces Mamá le ayudaba, extraía de los cajones camisetas, calcetines y calzoncillos tipo boxer y también con cuidado llenaba la otra mitad del minicofre donde Papá cargaba, además, su estuchito de cuero café y zipper dorado, con limas para los callos y tijeras para las uñas.

Cuidaba mucho sus pies y sus manos Papá.

El *pediquiur* y el *maniquiur* le encantaban.

Cando regresaba Papá de México, aparecía a través de la puerta del avión y desde el descanso de la escalera nos buscaba; luego, con su brazo y su mano derecha extendidas al aire -y una sonrisa feliz en el rostro-, al divisarnos nos saludaba; después, ágil, bajaba, se acercaba y nos levantaba de las axilas a cada uno de su descendencia -menores de seis años-, y nos daba en el cachete un beso. Enseguida, por supuesto, tomaba a Mamá de tan vehemente cintura y le daba el mejor beso a la bella engalada en sus lentes oscuros, el cabello ondulado y el talle vestido de blanco con franjas rojas, de Carmen Carmela Carmiña y Carmesí.

Papá y Mamá se decían "Mi vida" uno al otro, cuando andaban de buenas.

10

Papá hizo cantidad de cosas durante el ejercicio de su mandato como presidente municipal.

Cada mañana de ese trienio, Papá abría el ojo con el ruido de la moto del repartidor de periódico, que todavía oscuro y frío pasaba con su prisa por la Urrutia -y en el 587- desde su motocicleta veloz, con gran tino lanzaba la prensa del día hecha churro amarrado por una liga.

En cuanto sonaba el diario en el piso del porche o cuando en veces golpeaba la puerta de entrada, ya oíamos a Papá gritando el nombre de su hijo mayor en turno, quien ahora ocupaba la recámara del varón primogénito: -¡Jaime, Enrique, Javier, el periódico!-, rugía el gran Oso.

Y ahí iba ya uno u otro desde su cama en el fondo del segundo piso, a enfundarse en la bata, con toda la fiaca del mundo, arrastrando la pijama por todo el pasillo, por el *hall*, la escalera, el recibidor, hasta llegar afuera en el porche y recoger el periódico -si es que el Chirrios no lo había ya mordisqueado-, para luego entrar de regreso a la casa, cerrar sigiloso la puerta, subir escaleras y entregarle el rotativo en su camota a don Heri, donde retozaba enseguida de su señora.

Luego de leer con avidez los encabezados y las columnas políticas, Papá se levantaba, se daba un baño, se rasuraba y se vestía contento para bajar a desayunar o a salir desde muy temprano a algún evento público.

Fuera de la casa esperaba a Papá, Gabriel, su chofer, con el carro -de placas 001 y antena de teléfono en el centro del techo- ya bien limpiecito, listo para llevar al presidente a un recorrido por las colonias populares de la ciudad, donde Papá establecía contactos, recogía peticiones, inauguraba aulas o entregaba recursos. Después, atendía en el despacho de la presidencia donde siempre había una larga cola de asuntos que resolver, entre ellos la lista de las personas que habían caído en prisión la noche anterior y cuyos parientes acudían con el preciso a solicitar un descuento en la multa. El delito más común era uno que se anotaba como EEF, para no escribirlo con todas sus letras y evitar un tanto el rubor y el bochorno: Ebrio, Escandaloso y Faltas.

-Qué buena peda agarró mi compadre-, recuerdo decían las secretarias o los asistentes cuando llenaban las papeletas para el descuento.

Una vez llovió tanto en La Laguna -y en la sierra rumbo al Palmito-, que tuvieron que soltar el agua en la presa; el río Nazas se llenó hasta el tope y con su corriente impetuosa rosaba el puente de fierro por donde cruza el tren hacia Lerdo.

Papá no le sacó al agua ni al bulto. Recorrió a pie la media ribera entera, revisando los diques improvisados que levantó la gente. Bajaba del carro con placa número 001 -y antena en el techo para el radioteléfono- y platicaba con las personas, las escuchaba y les preguntaba qué les hacía falta, en qué podría el ayuntamiento ayudarles. Esa vez mi escuela se transformó en albergue y el salón donde me sentaba todos los días a recibir clase, estaba lleno de *cuiltas* en el suelo, con familias enteras que allí encontraron refugio. Papá les visitaba y se aseguraba de que hubiesen llegado los víveres.

Claro que también se reunía de las cámaras industriales y (encantaban las comidas que le hacía ... ... restaurant chino, cerca de la iglesia de Guadalupe, por allá del rumbo del mercado Alianza, donde concluía cada año la peregrinación con sus matachines.

En su gestión Papá logró, entre otras obras, que la SEP federal autorizara y abriera en Torreón el Instituto Tecnológico Regional No. 13, pero yo, de lo que más me acuerdo es de la llegada del primer avión jet a la perla de la región.

11

El ser humano de cualquier parte y tiempo siempre tuvo y tendrá fascinación por volar, los aviones provocan un fuerte influjo en los individuos. Pero en La Laguna este efecto más bien pudiera nombrarse embrujo, pues no otra cosa explica la multitud reunida en el aeropuerto el día en que aterrizó en Torres el primer avión jet DC-7.

No solo la terminal aérea estaba repleta, las personas formaron una larga valla de varias hileras que se extendían por todo el cerco del puerto aéreo, a lo largo de los más de mil metros de pista construida para que pudiera bajar la bestia con alas acero y estruendosas turbinas. Familias enteras desde muy temprano se acomodaron donde encontraron lugar, para presenciar de cerca el acontecimiento.

Cierto es que venía en ese primer vuelo nada más y nada menos que Charlton Heston, quien no hacía mucho había estelarizado en la película *Ben Hur*; y cierto que él sería la primera persona en salir del avión a través de su escotilla, cuando ésta por fin se hubiese abierto y ahí lo estaría esperando Papá al mero frente de la multitú; pero a mí me gusta creer que lo más seguro es que también lo que más influyó en el ánimo de los laguneros y laguneras que estuvieron esa mañana por horas en el solazo, fue que sabían de la hazaña que un día se aventó un paisano suyo, aquel héroe de nombre Cliserio Reyes, obsesionado por la ilusión de viajar un día en avión, pero incapaz de hacerlo por no tener suficiente marmaja, biyuya, lanita para el boleto.

Tan incontenible era su anhelo que un buen día, muy despichado, brincó la bardita límite para los no viajeros y fue y se metió al hueco donde se guarda el tren de aterrizaje; luego, allí, esperó emocionado en silencio hasta que el piloto encendió las hélices y el avión comenzó a rodar con Cliserio bien agarrado a sus dentros. Por fin voló C Reyes sin que lo descubrieran, solo que cuando aterrizaron tuvo que salir y entregarse porque en el vuelo se había congelado y casi muere por hipotermia. Dicen que después le dieron una beca y luego el héroe se hizo piloto...

Todavía hoy puede verse en Torreón a personas en las inmediaciones del aeropuerto, con sus carros estacionados justo arriba por donde despegan los aviones y les puede uno mirar bien clarito la panza y las ruedas, cuando apenas las van metiendo en el fuselaje en ascenso.

No sobra decir que en esa ocasión Charlton terminó en la casa en Urrutia 587, comiendo en la mesa redonda de formica blanca, enseguida de Rosy mi hermana, que ya entonces no podía volarse mucho pues tenía dos años casada y ya era madre de tres chilpayates.

12

A Papá le encantaba llenar el teatro Martínez, ese esplendido foro de arquitectura y decorado estilo mudéjar, palcos tipo balcón en ambos costados del escenario y tres pisos hasta gayola. Cada año nuevo de su trienio en la presidencia, ahí leyó Papá su informe anual de labores, ante el auditorio lleno hasta las manitas: butacas, pasillos, vestíbulos, baños y corredores, por igual atestados.

Desde una semana antes, apenas pasadas las fiestas de Navidad, Papá nos leía en casa los avances de su discurso, ensayando cada palabra, su entonación, las pausas y los aplausos, éramos un muy selecto público de no más de siete personas, su esposa, algunos de sus hijos o hijas, viéndolo ejercitar esas dotes histriónicas que luego desplegaría con gozo y audacia frente a todas las fuerzas vivas, el sector campesino, la CNOP, los empresarios y hasta el gobernador mesmo.

Pero Papá también llenaba el teatro con la Orquesta Sinfónica del Noroeste, la monumental OSNO, dirigida por el maestro Luis Ximénez Caballero, jalapeño que llegaba a Torreón en gira a ofrecer un poco de música clásica a la raza de La Laguna, entonces no tan proclive a esas delicias.

Papá y Mamá llevaban a toda su descendencia vestida de gala -los primeros infantes de la ciudad-, los hombres encorbatados, las mujeres en crinolina, aunque siempre chicos y jóvenes terminábamos roncando en las butacas dormidos, era un suplicio estar ahí más de una hora sentado sin moverte ni hacer ruido alguno, escuchando las melodías, los valses, los violines y las comparsas, sembrando en nosotros el gusto por una música más refinada que el tacataca.

Una vez Papá hizo una comida de manteles largos en casa, para agasajar al embajador de Costa de Marfil en México. Venía con su esposa, una hija de siete años y un hijo de cinco, todos de raza negra. No era la primera vez que veíamos personas con la piel de ese color tan oscuro, pues en Torreón vivía el Charolito Orta, un jugador de beisbol de origen cubano y mulato. Pero el embajador y su familia venían de África y el color de su piel era mucho más oscura que la del Charolito.

Fue tan grato para ambas partes aquel encuentro interétnico, que se tomaron fotos de varias parejas: Papá y el embajador en una, ambos vestidos de traje; en otra, las esposas luciendo las modas de sus respectivas culturas; mi hermana y la niña de siete años en otra más; y, en la última, nuestro hermano Checo, blanco como la leche, enseguida del chavito negro azabache, idénticos en edad y contento. Gozaron las horas comunicándose de mil maravillas, cada uno en su lengua, pero sin entender palabra alguna. Quién sabe si fuera por eso, pero el caso es que luego Checo aprendió a hablar otros cuatro idiomas.

Para ese entonces Mamá tenía ya bien organizados los intercambios de verano entre sus hijos y los de familias de Estados Unidos, que iniciaron a principios de los sesenta, cuando visitaron con otras diez parejas de agricultores laguneros a sus homólogos en California. En esa ocasión se les ocurrió intercambiar descendencia un par de meses durante las vacaciones, para que unos aprendiéramos inglés y los otros espanish.

Fue así que comenzaron a llegar a casa cada verano un hijo de la familia Beagle y otro de la familia Frick. Chris Beagle y Billy Frick, los primeros, se hicieron grandes amigos de mi hermano Federico; luego vino Dennis con Jaime y Ronnie conmigo; después, John y Chuck Beagle, mientras que Federico, Jaime, Rosario, Javier y yo comenzamos a ir de seis a ocho semanas en el verano a sus casas o a las de otras familias, a convivir en otra cultura y a practicar el idioma de Shakespeare.

Los güeros se encantaban en México porque podían pistear, llevar serenatas e ir con las chicas de los prostíbulos; nosotros nos encantábamos porque viajábamos lejos y podíamos trabajar ganando varios dólares cada hora, en los campos de sorgo, en los viñedos o donde nos dieran chamba.

En ese tiempo nos llevaban Papá y Mamá, por carretera, de Torreón a Mazatlán, en su Austin Cambridge color verde plomo. Papá vendía esos coches británicos extraños, que casi nadie compraba. Entonces se hacían en carro como 9 ó 10 horas en apenas 400 kms de distancia.

A medio camino entre Durango y Mazatlán, por ahí de la parte más alta en la Sierra Madre Occidental, llegábamos al Espinazo del Diablo. Hace unos 50 años la carretera era de un solo carril y en el mero Espinazo los automóviles tenían que hacerse a un lado para ceder el paso, pues en cada orilla de la estrecha cinta de asfalto había un precipicio tan profundo que todos los viajeros detenían sus autos y bajaban a observar detenidamente el fondo invisible.

Papá nos animaba a acercarnos, a mirar hasta lo más lejos, lo más hondo, sin perder el piso.

13
 Un día Papá y un tío compraron una tierra en las afueras del casco urbano. Allí comenzaron en la avicultura. En un par de años tenían un millón de aves poniendo huevos día y noche en diez gallineros. Luego, entre gallinero y gallinero, sembraron nogales, así que en otros añitos vendían también ya muchas nueces.

 Salvo por una H, que es muda, dinero y don Heri, tienen las mismas letras. Seguro y es coincidencia, mas no deja de ser curiosa.

Papá para los negocios tenía muy buena vista y olfato, veía y oliscaba lejos las oportunidades. Pero a Papá el gusano de la política ya le había picado y en esos años todavía era gobernador del estado su amigo político más encumbrado.

Al año siguiente de haber salido de alcalde, Papá consiguió la candidatura del partidazo, ahora para diputado federal por un distrito correspondiente a Torreón y sus inmediaciones. Papá hizo campaña y ganó, pero no se la dieron luego pues su contrincante -una mujer de respeto- impugnó las elecciones y lo acusó de fraude. Entonces Papá batalló y luchó por su caso un par de meses, en un tiempo aciago. Al final, ganó la curul y se fue pa´ Donceles. Corrían aún para el PRI los tiempos del carro completo (que ahora lastimosamente vuelven).

Tiempos difíciles en extremo los del 68. Papá tenía tres hijos viviendo en el DF, dos estudiando en la UNAM y otro en el Poli. Tiempos de cuestionamientos, de exigencia de cambios y de represión salvaje.

Al iniciar la década de los setenta el movimiento hippie como nunca repudió la doble moral, así que algunos tratamos de ser sinceros. Una buena mañana, en la mesa del comedor, a mi Madre y a mi Padre juntos, les comenté que había yo fumado marihuana.

Uy, Mamá soltó el llanto; de pronto pensó que con este hijo había fallado garrafalmente.
Mi Padre pronto la detuvo y nos consoló:
-Esa droga la consumen los soldados desde hace mucho-, dijo.
-Y sirve para quitar *"las riumas"*-, agregó.
Ya luego, a solas, lacónico me advirtió: -con las drogas no se juega, ten mucho cuidado-.
Tal vez fue por eso que desde entonces las agarré muy en serio.

14
Al dejar su escaño como diputado, entró el gobierno de Echeverría y en el ministerio de Agricultura nombraron a un amigo de Papá, quién lo invitó a trabajar donde no podría estar mejor don Heriberto: la Dirección General de Asuntos

Algodoneros, en la Secretaría de Agricultura y Recursos Hidráulicos del gobierno federal, con oficina central en la Ciudad de México y con un espacio en cada una de las delegaciones de la SARH en los estados productores de la blanca fibra.

En ese tiempo vivimos varios de los Ramos Salas en la capirucha; como en casi todas las familias de provincia, una parte nos fuimos a la capital para trabajar o a estudiar. Cada semana cenábamos con mis Papás en su departamento (Mamá vivía ya en el DF) o ellos venían a visitarnos a un lado de ciudad universitaria. Los fines de semana íbamos a casa de un hermano en Cuajimalpa o, a la de otro, en ciudad Satélite.

En Asuntos Algodoneros duró Papá todo el sexenio y tal vez un par de años más del siguiente. Papá visitaba a los agricultores de las zonas productoras de algodón en México, les recomendaba sembrar más o menos hectáreas -según como venía el precio-, asistía a las reuniones que organizaban la ONU o la FAO, fue a la India, Japón, Egipto, Rusia, Europa, Washington, Sudamérica, anduvo casi por todo el mundo, acompañado de Mamá, su Carmen Carmela, quien iba como traductora oficial del inglés al español y/o viceversa.

De cada periplo internacional regresaba Papá diciendo lo mismo, que todos los países productores se ponían de acuerdo y fijaban el mejor precio de su conveniencia, pero que Estados Unidos ejercía siempre su poder de veto y los mandaba al carajo; nunca les hizo caso el imperio, siempre actuó en defensa de sus intereses y contra los del resto del mundo.

-Ellos son los que mandan y nada se puede hacer, por más que nos juntemos y hagamos reuniones-, recuerdo decía. Y su pragmatismo me llenaba de impotencia y de desaliento.

A Papá le gustaba viajar y a cualquier lado iba encantado. En una ocasión, un año en que la reunión de países productores de algodón fue en la antigua URSS, en una de sus repúblicas en el sur, Kasajastán, creo, le dio a Papá una fuerte infección y tuvieron que hospitalizarlo. Ahí se quedó junto con mi Madre casi diez días, en ese país pobre y remoto, con muy pocas medicinas, en un hospital austero y sin hablar una palabra de ruso o de kurdo. Papá regresó contando maravillas de las personas que le atendieron hasta curarlo.

En otro viaje, esta vez en París, de pronto Papá se enteró que muy cerca de donde andaba junto a Mamá, andaba de gira Valery Giscard d´Estaing, nada más y nada menos que el entonces presidente de Francia.

Cuando lo encontraron, estaba Valery saludando a la raza y Papá, en medio de la multitud, sin el menor asomo de pena, en voz alta al mismísimo Valery Giscard le espetó:

-Monsie le Presidant, Mexiq e presant-,

Mamá, que en el instante no encontró dónde esconderse, luego platicaba dichosa que el presidente d´Estaing, al escuchar a Papá hablar de México, caminó hacia él y de mano lo saludó y le dijo algo así como qué fregón México.

¡Uy, Papá se sentía soñado!, tenía una atracción dominante hacia el poder, no perdía la oportunidad de torearlo.

Una vez que Papá regresó de un viaje a Venezuela, contaba muy contento que una tarde en un café de Caracas, una bella y joven señora le invitó a echarse un palito. Papa, libidonosón como era, ya que a la guapa más presto que pronto le dijo que sí, que claro y que por supuesto, acomedido le preguntó que si en dónde, cómo y a qué horas y ya cuando la hermosa mujer le dijo que si lo tomaba con leche y azúcar ahí mismo, sonriendo aceptó el cafecito.

Después de esos años de viaje, Papá regresó a Torreón, a la Urrutia 587, en parte a lo de siempre, a sembrar, al café de Los Globos, a buscar la gubernatura o la senaduría que nunca obtener pudo.

Luego, las fibras sintéticas se inventaron y el algodón pasó a mejor vida. Papá crió entonces chivas, sembró cártamo, soya y otros cultivos -jamás amapola-, hasta que un día, después de algunos añitos, a Torreón volvió uno de sus hijos pródigos: luego emprendió con él, en los terrenos de la otrora granja avícola, el primer fraccionamiento urbano cerrado. Y después una empresa constructora de vivienda.

Un día, cuando iba apenas el internet empezando y Papá presidía el consejo de la Universidad Autónoma de la Laguna, envió por correo electrónico un mensaje dirigido a sus nietos:

"Les envío este mensaje a mis nietos estudiantes universitarios: el futuro es dramático para los jóvenes, me refiero al logro de la competitividad y capacidad profesional de las personas, que es lo que marcará la brecha entre los que mandan y los que obedecen; por ello hay que sobrevivir con constancia y ser del grupo de los primeros, lo que se obtiene cabalmente y a satisfacción, siguiendo los estudios universitarios con ahínco y sin desmayo cada día.".

Bueno, hasta aquí algunos rasgos sobre mi Padre, don Heri, mi Jefe, mi Viejo, el Ruco, el Chif, el buen Beto, el Ogro, el Gordo, el Panzón, el Inge, don Torreone. ¿Y el tuyo, cómo es?, ¿cómo era?

15

Y tu Jefe, ¿no tuvo defectos?
¿Y cómo no?
Nadie es perfecto.
Papá fue un hombre grande, en físico y en espíritu, en inteligencia y solidaridad, en muchos aspectos. Difícil describir sus horrores.
¿Por qué tendría que hacerlo?
¿Qué afán de estar fregando?
¿Quién es uno para juzgar?
Para calificar: esto es error, esto es acierto.
La envidia, quizás.
La auto justificación de carencias.
Recuerdo cuando llegaba con Papá a Comercial Ramos, aquel enorme edificio de paredes con ventanales cuadriculados, con cinco metros de altura o quizás más, donde vendía tractores y trilladoras. Aún no sé cómo las metían a la sala de demostración; deben haber sido muy altas las puertas de acceso: más grande que ellas a mí se me hacía Papá. Así, ¿cómo mostrar sus defectos?
Papá fue hipocondríaco, creo, renovaba su *vademécum* cada dos años, lo consultaba y tomaba medicinas en demasía. Aunque tal vez este rasgo puede juzgarse como virtud, digamos, tener tu salud en tus manos no está tan mal. De menos.

No cantaba mucho mi Padre, no se creía musicalizado, bailaba más que mi Madre, pero tampoco se preciaba de disfrutar en el baile, no era bueno p'al ritmo.
¿Tendría vicios mi Padre?
¿El trabajo?, ¿las mujeres?, ¿el alcohol?
Un tiempo le dio por fumar puro, cuando tuvo poder político. Le regalaba sus habanos el gobernador que fue su jefe, aliado y amigo. Cuando fumaban se parecían al cachetón del puro.
No creo que el trabajo fuera su vicio. Le gustaba lo que hacía, siempre le hallaba sentido y cuando no era funcionario en el DF, regresaba a Torreón a sus negocios, a vender tractores, pinturas, automóviles, llantas, lo que dejara.
A Papá le encantaban el azúcar y el poder; con tal de ganarle a Mamá en el dominó era capaz de hacer trampa; luego se reía de sus pequeñas faltas, cuando lo descubrían.
¿Y las mujeres?
Las mujeres le gustaban mucho, sabía conquistar, era seductor y coqueto, pero no eran tampoco su vicio.
Mi Padre tomaba de cuando en cuando, se ponía alegre, sin perder la figura; jamás se puso violento, ni se pasó de copas, cuando menos en casa, ¿quién sabe si con sus amigos? Tenía aguante

y sabía medirse y detenerse, administraba el trago, lo prolongaba, además que no le hacía falta, pues ya de por sí era alegre y extrovertido.

Tal vez comer fue su único vicio.

¿Y por qué salimos viciosos entonces algunos de sus descendientes?

No podemos echarle la culpa a Carmela, no.

La verdad sólo tenemos vicios inocuos, leves, so metidos, desarraigados.

Desde siempre les tuvo pavor don Heri a los calentones, al gas, a encender un horno. Papá no era bueno para eso, no se metía con los aparatos, ni con las máquinas, no le atraían ni les entendía; pensaba que eran para otras mentes, así que nunca quiso aprender de eso.

Claro que hay muchas facetas de mi Padre que desconozco, como por ejemplo lo que se requiere para hacer negocios; en esas fue muy ducho, como las del jineteo o del regalito.

¿Sería jinete mi Padre?

¿Ejercería el soborno?

¿Se aplicaría en el peculado?

No lo sé. Nunca dejaba de pagar sus deudas y no tenía muchas. Lo que sí sé es que estiraba hasta lo último el pago de los impuestos, siempre abogaba por la condonación o por los descuentos.

¿Hay caso, pues, en remover rescoldos?

16

Mi Padre murió en Torreón, Coahuila, un 29 de marzo, casi a los ochenta y seis años.

Justo después de la hora de la comida se desplomó desde su silla sobre la mesa, apenas al terminar de saborear su último postre, el favorito, dos bolas de helado de vainilla en media copa de vidrio.

Envidiable la muerte del Beto.

Envidiable la muerte del bato.

Lo recuerdo tan bien paladear cada cucharada, al tiempo en que reía, peleaba o conversaba con sus comensales, familia, invitados, sentados siempre en mesa redonda.

-Yo ya no voy a durar mucho- me dijo, unas semanas antes de comer el último sorbo.

Había llegado con esfuerzos, jadeante, al mingitorio. Al desabrochar su cinturón recordó que apenas hacía unos días le habían puesto pañal pues en cualquier lado se andaba orinando. Traía a cuestas sus ochenta y seis y un centenar de kilos, aparte de una ceguera avanzada en el ojo izquierdo.

-Ya estoy cansado-, agregó con cierta inusual melancolía. Y me miró de reojo desde el mingitorio contiguo.

Papá trabajó hasta el día mismo en que se lo llevó la parca. El día en que clavó el pico. Ese día, me contaron, ya luego que tragó Mamá el susto de ver a Papá de pronto desde su silla girar su cuerpo hasta golpear con su frente la mesa, ya que pasó ese shock y llamó al Billy, su médico, con su ayuda lo acostaron cuan largo en el sillón ése que ya les dije, que estuvo siempre afuera de la biblioteca, en el pasillo antes de entrar al baño, enseguidita de la escalera.

Hasta allí llegaron sus hijos, hijas, nietas y nietos, afortunados, a despedirse. Lo tocaban, lo besaban, supongo le dirían cosas al oído, le harían confesiones, promesas, le pedirían perdón, te sobaban y te abrazaban gran gordo, buen Beto, te tocarían tus pies, que sí -¿y cómo no?-, enfundados estaban en calcetines color verde limón amarillo.

Padre que te quiero padre, ahí has de haber estado sonriendo, contento, con tus cachetes rosas y tu papada rasposa ya un poco floja.

No sé, la verdad, si te lloré suficiente, no recuerdo siquiera si lloré cuando me dijeron que ya te habías ido. Fue de sopetón, muy de repente. Estaba yo en Monterrey, en una reunión de trabajo cuando habló mi hija, la doctora, para avisarme.

Moriste como a la una treinta, muy cerca del mediodía.

De Monterrey me fui una vez más a Torreón, llegué a casa en la noche, te estaban velando.

Dentro del cajón ataúd eras ya inalcanzable. Me hubiera gustado mucho despedirme de ti en el sillón, tocar otra vez tus cachetes, pellizcártelos suavemente, peinarte, abrazarte, poner mi cabeza sobre tu robusto pecho, agradecerte todo lo que hiciste por mí, todo lo que me diste, Papá Heriberto, don Heri.

17

Te recuerdo Papá, a tus 85, en el *Tucson Mall*, cómo platicabas con una joven dependienta, la hacías reír sin saber el idioma, recargado sobre el mostrador donde ella vendía no se qué cosas y tú mostrabas interés en sus prendas, solo para estar cerca de ella, sentirla, olerla, le presumías a tus hijos, sabe qué tanto le dirías pues sonreía y se interesaba.

Allá fuiste a que te operaran del ojo, con mucho entusiasmo y curiosidad viajaste, decidido a hacerte un trasplante de córnea, animado, te gustó siempre probar lo nuevo.

Te recuerdo también sentado en la mesa de la casa donde vivíamos en comunidad, cuando estudiábamos en Monterrey la carrera. Discutías ahí de política con los jóvenes, los enfrentabas y retabas al pensamiento con tus argumentos, defendías al gobierno, provocabas polémica, te encantaban los lances, la esgrima mental, el escarceo, creo que no te aburriste nunca.

Te recuerdo -¿cómo no?- sentado sobre la arena en la playa en Piedras Pintas, a unos metros del mar, escuchando y viendo las olas, en San Carlos, Nuevo Guaymas, Sonora, jugando con Beatriz, mi hija, entonces de unos seis años -y cómo te ayudamos entre mis dos hijas y dos hijos a levantarte, porque tu peso y tus rodillas y edad no te dejaban incorporarte solo, reías y reías mientras desafiábamos a la gravedad coordinados-. Luego reímos todos cuando finalmente pudimos, te empujamos de la espalda y otros te jalamos de los brazos: de esa forma y otras mantenías contacto físico amoroso, al tiempo que nos hacías sentirnos útiles.

Y sí, te recuerdo, Papá, sacándonos adelante, aunque más bien algunos íbamos en el asiento de atrás y otros hasta en la cajuela del carro, porque enfrente no cabíamos toda la oncena completa en el compacto Austin Cambridge -ese auto inglés que decías que era muy fino, a la altura del Rolls Royce- en el que nos llevabas a jugar futbol los sábados, contra algún equipo de la liga infantil municipal, en una época de esas que viven los políticos cuando están en la banca, cuando no tienen hueso, cuando el árbol al que se arriman está ralo y nomás no alcanza para varios la sombra: tu amigo, la carta a la que le apostabas todo en ese terreno no se sacó el premio y, siguiendo al pie de la letra las reglas de entonces, no fue el bueno ninguno de los de tu equipo.

Ah ¡cómo te hubiera gustado ser gobernador! Habría sido tu máximo logro, pero no se te hizo e igual no te frustraste ni te amargaste; al contrario, te fuiste de entrenador de futbol del equipo de tus hijos, los patrocinaste, les compraste uniformes, hiciste capitán del Comercial Ramos, SA, el tremendo CORASA, a uno de ellos.

Así que mientras estabas un rato en la congeladora, a sabiendas de que en la política luego es como en la rueda de la fortuna, Papá, te ocupaste de nosotros y nos llevabas a jugar, te divertías chorros desde un lado de la línea de tierra encalada, en el borde, en promoción de las glorias futuras.

Varias palizas sufrimos y mi Padre evitó con su ligereza oximorónica que la humillación hiciera mella muy honda. Después, fuimos campeones.

Papá nos dejaba acercarnos, se dejaba tocar, hasta ya adolescentes y jóvenes adultos nos metíamos a su cama entre él y Mamá, temprano en las mañanas a leer el periódico, despertar y platicar a gusto, el viejo en camiseta y calzones o en pijamas, su camiseta blanca de algodón sin mangas, con los brazos levantados sosteniendo el periódico que leía, la respiración sin prisa pero expansiva, abultado sobre la cama el tórax, como si fuese un fuelle su pecho, lleno de bello. Leía la sección de política, local, nacional e internacional; y los deportes. Ahí la pasábamos un buen rato, la cama llena con ellos y dos o tres de nosotros amontonados disfrutando de las delicias del roce, leyendo también con los brazos desplegados al aire.

Como te extraño Papá.

A Papá le recuerdo también aconsejándonos cómo lograr que nuestras hijas e hijos siguieran nuestras sugerencias, diciéndoles que hicieran justo lo contrario de lo que queríamos. Si queríamos que se subieran a un camión público y se fueran en él al centro del pueblo o que fueran a visitar a algún conocido nuestro que vivía en la ciudad donde ellos andaban, nos aconsejaba que les dijéramos que no se subieran al camión público ni fueran al centro ni visitaran a ese amigo, no.

-Acuérdense que son contreras-, nos decía, como si lo hubiese aprendido y ensayado justo con nosotros, sus hijos e hijas.

Cuando me casé, mi esposa y yo nos fuimos a vivir a la Ciudad de México. Allá vivían Papá y Mamá, seguido íbamos a visitarles. Papá se reía mucho porque decía que siempre andábamos muy juntitos, abrazándonos y besándonos. Encimosos, recién casados. En ese tiempo, Papá y un tío tenían como sesenta años y se la llevaban bromeando sobre el ya no paraguas, la impotencia sexual temprana en el hombre maduro, luego de una vida larga de peripecias con el aparato. Duró como 20 años riéndose de eso, todavía no salía el viagra.

Papá acostumbraba decirle a la nuera que le visitaba, que ella era su favorita, la preferida, pero todas sabían que les decía lo mismo a las otras cuando estaban con él a solas.

Papá sorprendía a sus nietos hombres cuando, en la comida, por debajo de la mesa -o cuando Mamá volteaba hacia otro lado-, con la mano les hacía una mala seña. Ellos, chiquillos, pelaban unos ojotes y veían intrigados cómo era posible que su abuelo hiciera esas cosas prohibidas.

Papá nunca tuvo carro del año, no supo de marcas ni de modas, más bien le encantaban los lanchones viejos, amplios. Cuando entró de presidente compró media docena en Laredo, creo, para los funcionarios y para la policía. En los carros chicos era una bronca subirlo y bajarlo, en los volchos iba el pobre como embutido.

Papá tuvo un perchero donde colocaba sombreros traídos de algún viaje. Era un perchero alto, discreto y dispuesto enseguida del biombo que cubría el comedor cotidiano. Colgados ahí pasaron algunos años un gorro negro ruso, de esos peludos, bien calientito; una boina española de tela color azul oscuro; y un quepí como de cuero, griego, de capitán de barco. Tuvo también sombreritos tipo dandi. Yo los usé todos por un tiempo, hasta que los perdí, cuando creí ya no necesitarles o como parte del desapego, la despedida que vengo haciendo.

Dice mi hermana que Papá iba mucho a México porque allá negociaba y pagaba deudas contraídas en dólares; y dice que entonces Mamá se cansaba un tanto de estar sola con tanto hijo (otro oximorón) y se volvía todavía más estricta; pero, luego, cuando regresaba Papá, se ponía muy contenta; y nosotros también, pues nos traía regalos.

Pity una vez se rompió un brazo al caer de una barda muy alta, a donde trepó por un árbol para ver un partido de fut del Laguna, en el estadio del club San Isidro. Ahí nos subíamos todos en traje de baño y como pichones en hilerita nos sentábamos sobre la barda, justo arriba a la izquierda de una de las porterías. Pity cayó porque la golpeó un cañonazo del Camote Aragón -o de Lupercio- y se desplomó en el vacío, cual figurita de esas de plomo que súbitas caen hacia atrás y desaparecen, si con un rifle de municiones en las ferias les pegas, jugando a saber cuántas tumbas.

-El caso es que Papá andaba en México cuando me tumbaron-, dice Pity.

-Y cuando volvió le trajo unos miralejos, para ver mejor el partido-, digo yo: los sacó de su veliz plateado color aluminio.

Y luego que venía Papá, nos llevaba a todos a comer nieve a la plaza en el quiosco de Lerdo. A veces, hasta allá llegábamos un domingo en la tarde de primavera, luego de subir y bajar el cerro de la suela del zapato, junto con las familias de las hermanas Salas. Papá y mis tíos iban, Mariano Barraza, el Güero Oliva, Marco Portal, Enrique Salas, sus esposas o esposos y todo el primerío. Me acuerdo que el ascenso estaba lleno de lechuguillas picudas, salían víboras, te resbalabas, pero nunca pasó nada malo, ningún accidente mayor a un raspón o a una espina encajada.

    Papá en veces se quedaba en la camioneta esperando. Llevaban lonche y refrescos.

    Pero a Papá lo que más le encantaba hacer los domingos en la tarde era ir a ver al Santos jugar fut. Nos llevaba al estadio y comentaba los resultados. Cuando ganaron el campeonato, a mi hijo le consiguió una foto del equipo con las firmas de cada estrella.

2ª: Papá rezumado en sus hijas e hijos

18

    En un tiempo el título de este libro fue *Todo sobre Mi Padre*. En otro, bajo argumentos de precisión y mesura cambió a *No todo sobre mi Padre*. Hasta que un día, acomodando recuerdos, me encontré con un viejo veliz, que en un tiempo fue de mi hijo y antes fue mío, pero en el principio fue de Papá. Luego escribí un artículo, al que le puse *El veliz de Papá*; cuando se lo leí a mi musa mayor, me dijo que así le pusiera al libro que estaba escribiendo sobre la relación Padre-Hijo.

    Después me sonó bien para título *El feliz de Papá* y entonces el libro también se llamó así, pero como que en español la expresión no se usa. Así que al final mejor quedó en *El veliz de Papá*, algo que guarda y contiene sorpresas, tesoros, como un libro acá. Y a continuación fue saliendo este texto, poco a poco, en veces tortuoso y luego fluido, recordándote gordito, rindiendo el tributo de un hijo a su Padre, en la única forma en que pude yo hacerlo.

    Y, bueno, uno no va solo en el mundo, de repente encuentras ayuda, alguien tiene lo que te falta y alguien no tiene lo que te sobra. Y como siempre es posible que el mejor legado de uno esté en sus hijos, fue un tanto obvio explorar en mis hermanos, hermanas y medio hermano, para encontrar diez veces más, rezumado, a Papá.

Rezumado es la palabra justa: "manifestarse en alguien cierta cualidad o sentimiento en grado sumo; o, salir al exterior un líquido en forma de gotas a través de los poros o intersticios de un cuerpo".

Tengo cinco hermanos, tres hermanas y un medio hermano, así que entre miradas, habilidades y sentires diversos, podemos idear y crear para beneficio nuestro y de la comunidad. Somos una buena muestra de un segmento atípico de la población coahuilense, egresados de la UNAM, IPN, ITESM, Ibero, UAC, UAM y UANE, certificados como profesionistas en licenciaturas tradicionales, pero con vocaciones extra ordinarias como la lectura, el tahurismo, la geografía, los relojes, el futbol, la pintura expresionista, el ciclismo y el maratón, la cultura y la escultura, el excursionismo, la escritura, el tallado en madera, el piano y la flauta, la historia, el salto de obstáculos a caballo, el ski, el movimiento corporal, los masajes, la cocina, la chorcha, la poesía, la cría de perros, el tae kwon do, el diálogo y la retórica tal vez.

Somos el legado más vivo de don Heri, en cada uno hay una huella de su personalidad, somos su sangre, su ADN, su anhelo:

19

Rosy, Rosa María,
Rousmeri beibi, hermana mayor, mamá Rosy, como te dicen ahora; la princesa de Beto, su reina, la primera. Tú hiciste Padre a Papá. Cuando naciste -en tus propias letras-: "Torreón era una ciudad chica, en donde presumíamos que todos los que residíamos aquí nos conocíamos, por lo que yo me consideraba *conocida*, asistía al colegio La Luz, que para mí era *el colegio* al que había que asistir, mis amigas eran igualmente de *familias conocidas,* yo era feliz y no me hacía falta nada".

Eres la representación de la alegría, hermana. Me encanta tu risa, tu sonrisa, tu carcajada me gusta y me relaja. Aunque la vida nos mantuvo distantes, distintas las edades, las épocas, el sexo, en ti conocí la belleza y el amor. Sé que no hay ni una pizca de maldad en tu espíritu.

El recuerdo más antiguo que tengo de ti es el de esa foto ya clásica en blanco y negro, en la que sales descalza, en pañales, tendrías uno o dos años, frente a un matorral frondoso en La Rinconada, la hija primera de Carmen y Heriberto, la flor más bella del ejido, tu rostro blanco, tus rizos dorados, infantil la inocencia.

Y así de buenaza habrías de crecer hermana linda, cómo no recordarte ágil, torciendo la cintura con el twist, el rock, luciendo una sonrisa inmejorable de bienestar, con la sazón de tus veinte, tus ojos enarcados por cejas marcadas en líneas gruesas a las que dedicaste minutos domesticando frente a los espejos, en tu cuarto, en tu mueblecito de tocador, en el baño azul, te recuerdo desde la cama en donde te veía absorto, lelo, cuando nos dejabas, junto a nuestra hermana; te miro desde mi pijama y mi bata de franela, calientito, recién bañado, tu abrazo cariñoso de hermana mayor, gracias, siempre has sido un ángel *pamí*.

Luego te encuentro fugaz y rumbosa, llenando la casa de amigas, hermosas, laguneras y gringas, preciosas, inalcanzables La Ruca, Priscila, Norma Alicia, qué bellezas, qué cabelleras, qué desplantes, las recuerdo en sus rasgos exaltados de orientales, vestidas en sus kimonos para no sé qué fiesta.

Mujer lectora, dichosa, afortunada, cuidada, delicada, aguantadora, profesionista, comodina, madre, socia, jugadora, abuela, viajera, noble tu espíritu hasta el fondo, parsimoniosa, sin apego por el rencor, traductora, mujer campo fértil, supiste ser la realización de varios deseos de Mamá Carmela y de Papá Heriberto.

Eras su consentida, te quería como a ningún otro, eras su adoración, supo amarte Heriberto como princesa, desde entonces se mostró liberal don Heri, capaz de enviarte a estudiar inglés a Estados Unidos, en 1956, a los dieciséis años, donde estuviste otros dos, en casa de una familia gringa o interna, no lo recuerdo, en St. Louis, Missouri, a un ladito del Mississippi. El Misepipí.

Cuando te fuiste, Papá te ordenó:

-En cuanto llegues a San Luis y te instales, nos hablas por teléfono, pides una larga distancia por cobrar y cuando conteste y me pregunten si acepto una llamada de Miss Rossy Ramous desde St. Louis, diré que no, así que no te vayas a agüitar, así sabremos que ya llegaste y no tendremos que pagar a la compañía de teléfonos-, que entonces no era aún de Slim, pero ya cobraban como si tal.

Y así fue y no pudimos saber cómo te había ido, cómo había sido el viaje en avión, qué se sentía volar, qué nos podrías contar de la ciudad y del río, hasta que llegaron tus cartas como un mes después y Papá y Mamá las leyeron en voz alta en el comedor.

Rosy, saliste más a Papá que a Mamá, le heredaste el carácter al Jefe, tranquilo, sereno, sin aprensión, dado a la dicha, al gozo, al disfrute, creo esa parte le sacaste a Papá.

¡Beto, carnal!:
A la edad de no sé qué tantos te dio por juntar timbres. Tenías un álbum de pastas gruesas y lustrosas que guardabas en lo más alto del clóset y lo sacabas solo en ocasiones especiales, una última adquisición, alguna estampilla inusualmente grande, adquirida quién sabe dónde, venida desde sabrá dios cuándo. Todos nos admirábamos de la belleza en miniaturas impresa, en colores diversos, en lenguajes extraños, timbres de cada país, de diferente valor que llegaban a ti o Papá te los traía de México. Tus conocimientos de numismática le llenaban de orgullo.

Beto, hermano mayor, jefe, distinto Heriberto, de la generación previa al 68, abogado, notario, geógrafo por vocación, viajero, aventurero, explorador. Hombre seguro de sí, que no pierde el rumbo ni la atención, salvo cuando te das en el alcohol un descanso.

Beto: ¿qué tanto le gustaba el alcohol a Papá? Le gustaba la fiesta, sin duda; era tremendamente social, se encantaba con tus amistades, inolvidables Capilus, Chago, Marro, Bernardo -inolvidable tú-, coqueto siempre con las chavalas, en la conquista, bailando con tu cara radiante de gozo, brillantes tus ojos que se hacen grandes, tu sonrisa, la delicadeza con la que sostienes la mano de tu compañera, el giro fugaz de las cinturas, los pies como trompos y el talón alzado, hermano caballero valiente de mil batallas, geógrafo numismático y filatélico querido, trotamundos desde chiquito, ávido y juguetón, amigo de los infantes, político incomprendido, honesto, bebedor social no empedernido, ¿qué tan grave fue para ti llevar el mismísimo nombre de nuestro Padre? Repetiste sus hazañas en el terreno de la política, fuiste más allá que él, incluso, en las leyes, en los viajes, en la cultura.

Hablas bien de tus hermanos siempre, Beto, eres como Papá, te contentas con sus virtudes, los promueves, estás atento a oportunidades, pasas corriente, péndulo llamas, nos buscas, carnal; pero eres hermético en tus sentimientos, a muy pocos les muestras lo que hay dentro de tu corazón. Recuerdo tu dolor cuasi perenne en la columna, quizás sea el peso de tener el nombre del Padre, por más que soldado valiente signifique Heriberto.

Cuando te fuiste a Uppsala, Suecia, un semestre o un año, estabas ya estudiando en la UNAM, un mundo tan distante y tan frío, dejamos de verte todas las tardes sentado en el cofre del Austin, junto a tu novia, checando desde temprano, enamorado de la güerita que te acompañó de por vida; criado en el tiempo de los pachucos, te dejaste crecer el copete y portabas chamarra de cuero, cual

Elvis o James Dean lagunero, peleabas en las cantinas, eras bravucón y enamorado, conquistador y trabajador, talón como ninguno.

Hermano, siempre me gustó la forma en que te has llevado con nuestro otro hermano, el que te sigue, el Pelón, Federico -tu compañero de andanzas, tan distintos y tan cercanos-, sin envidias ni competencias torcidas. Y vaya que este sujeto ha sido bárbaro, con destrezas que no tuviste, con logros que jamás te hicieron daño, al contrario, supiste aprovechar sus conquistas de la mejor forma, lo presumías.

Hoy pienso que fue tu pupilo -con tu imaginación podemos alardear que, cual entrenador, tú lo formaste-. ¡Cómo te gustaba inventarnos cuentos, contarnos mentiras!: jugabas en el América, eras amigo de Zague, luego te cambiaste a los Pumas, conocías a los jugadores, Mejía Barón era tu compañero en la UNAM y Borja también; y, aunque no te creíamos de tu reloj supersónico, tú insistías en que eras campeón goleador y ningún deporte que hiciste, no se te dio eso, hermano, que va, pero tantas otras virtudes que tienes.

Beto, hermano mayor, paso a tratar un rato a este otro ser mágico que es nuestro hermano el Pelón, Federico Humberto, el Pelelico, el Gobe, gran amigo tuyo, compañeros de mil venturas.

¡**Carnal, Pelón, Picosso!**, pintor lagunero, audaz, ágil de mente y cuerpo -aunque ahora no tanto-, arriesgado, juguetón, vacilador, insuperable banquero por buen tiempo, empresario gourmet, enamorado de la vida; el Pelón, el favorito, el flaquillo enclenque que hubo que sobreproteger, Federico Humberto, hermano mayor, compañero, admirador de tu Padre, don Heri, cuántos temas, asuntos y vivencias hemos comentado sobre él y Mamá, cuánto hemos actuado hermano de mil cachuchas, titán, clavadista sin igual, de tremenda fortaleza, siempre me ha apantallado cómo conservas el humor, la disposición al encuentro, no obstante tus malestares, dolores y padecimientos físicos con los que bregas.

Pilar de familia, orgullo de Padre y Madre, epítome del triunfo, campeón nacional, guerrero, abollado mas no derrotado, herido pero no abatido; antes al contrario, firme; sé que te gustan algunos de mis logros, hermano, sé que te asombras a veces por mis planteamientos o creencias, valores, los aceptas, respetas, aunque no los compartas, encuentro en ti comprensión, interés y alivio mutuo.

No puedo dejar de decir cuánto quieres a Beto, lo cuidas y acompañas, una gran relación fraternal. Imposible olvidar la insistencia de don

Heri y Carmela: "ningún amigo te puede querer tanto como un hermano".

Carnal, ¿cómo fue que Papá firmó contigo un convenio en el que se comprometía a enviarte a estudiar seis meses a California si terminabas la prepa en un año? No te gustaba mucho la escuela, tenías mucho que hacer en la calle.

Carnal, si tú no recibiste el nombre del padre por ser el segundo, si recibiste el del hermano muerto, el Federico del Salto; y sí, luego, estuviste a punto de morir de chiquillo -una infección intestinal te dejó flaco-, bien puede ser que así debilucho capturaste el cariño por Enriquito, el ausente anticipado. Especulo. Lo que sí es seguro es que sobreviviste todas esas batallas, con la fuerza y el impulso para llegar a ser el pintor y el bohemio creador de entusiasmo que siempre has sido.

-Su Padre mueve las voluntades-, le oí decir una vez a Carmela.

Hermano, eres quien más se parece físicamente a Papá, en sus etapas de adultos, ya veteranos; tu figura me lo recuerda, haz de cuenta que lo estoy viendo al gordito.

Por supuesto que posees y dominas varias de sus cualidades, tu gusto cromático puede bien remontarse a los colores chillantes de los calcetines de don Heriberto. Mira que en veces como él cachalotón también vistes.

Transcribo una carta que le escribiste a todos tus hermanos y hermanas con motivo del octogésimo aniversario de don Heri, fíjate bien:

"En realidad pocas veces en mi cincuentona vida he tenido que escribir algo, a no ser que hayan sido cosas relacionadas con el trabajo del banco. Sin embargo, cuando la Pity me pidió que escribiera algo con motivo del 80 aniversario de mi Papá, lo primero que se me ocurrió fue escribirles a ustedes, ¡mis ocho queridísimos hermanos!
¿Por qué?
La verdad, ¡no sé!, aunque poco importa.

Sin embargo, mis sentimientos más profundos hacia ustedes, de afecto y de cariño, de amistad y de compañerismo, de compartir esperanzas, de compromiso, de hermandad de la buena -a pesar de las diferencias entre nosotros-, surgen alrededor de un "eje" que ha movido constantemente nuestras relaciones.

Ese "eje" que por muchos años ha proporcionado la "tracción" al carro apretujado de nueve pasajeros y su copilota, que vive y vibra como nunca con su vitalidad que causa envidia, asombro, respeto y admiración, ojalá, hermanos queridos todos, que ese "eje" dure otros ocho lustros pues el privilegio que nos otorga a mí y a ustedes de ser movido por él, solo lo recibimos los afortunados y "suertudos" de esta vida, que pudiendo ser una vida pobre, estéril y sin rumbo, es, al contrario, gratificante, constructiva, rica y con tantas otras cosas buenas, que solo les puedo decir

que la fortuna nos sonrió plenamente al darnos por tantos años a Don Heri.
Para él, mi regalo del día de hoy ¡es una promesa!:
Intentar ser como él ha sido. Emular su perseverancia y conquistar el afecto de los más que pueda acumular. Intentar heredar a mi hija y mis hijos su precioso legado.
Los invito, queridos hermanos, a que se unan conmigo en esa Tarea¨.

Está fregona la carta, ¿a poco no?
Papá siempre estuvo muy orgulloso de ti, feliz por todo lo que subiste en los bancos en los que trabajaste, las relaciones que hiciste, los tratos con los poderosos, gobernantes, empresarios de todo el país, Estados Unidos y otras partes del mundo. Y, aunque creo que no lo entendía, estuvo muy orgulloso también de tus cuadros, cuando como Gauguin, ex banquero, también te dio por pintar.

Enrique, Enriquito,
no me tocó conocerte, aunque llevo tu nombre y te llevo dentro, imagino el dolor de Mamá y Papá cuando te perdieron; te fuiste en silencio, el silencio fue tu destino, no se hablaba de ti; te sepultaron y entonces yo vi mi nombre en la losa diez años después. Enrique, el tercero, como el otro abuelo, el Papá de Mamá. Solo viviste un par de meses, carnal.

¡Jaime, hermano cándido!, inteligente, original, auténtico, hábil para ciertos movimientos del cuerpo, no muy bueno para los rítmicos; Jaime, carnal, murciélago, Mur, cómo te quiere la gente, cómo te quieren los primos de tu edad Tito, Vole, Macus, Quique, todos te respetan. Mira lo que has logrado, mi modelo, a quien más me parezco físicamente, como tú quise ser, portero legendario, hasta que me metieron un gol desde medio campo.

Hermano: has sido -y fuerte- mi Chanoc por tantos años. Un modelo difícil de seguir, por tus extraordinarias cualidades. Podría platicar desde cuando te picaron un ojo con un sable de esgrima -casi lo pierdes- por ceder la única mascarilla a tu contrincante. ¿Cómo ibas tú a abusar? Nunca. O platicar del viaje a Miami, histórico, heroico, cuando los del DF quisieron madrugarles, no obstante ser ustedes campeones en clavados y en natación: no les avisaron de la competencia internacional hasta muy tarde, por si así no podrían ir y entonces ellos habrían mandado a puros muchachos del DF, ya batidos por ustedes los laguneros en las albercas de Chapultepec. Entonces fue que Papá puso su Bel Air 57 y mi tío Mariano, la tía Inés y Mamá los llevaron en él y les ganaron otra vez a los del DF. En Miami Quique Salas calificó en clavados de trampolín de tres metros para los juegos Centroamericanos en Puerto Rico.

Será que eres mi Chanoc, como ya te decía, y todos estos sucesos me emocionan de más.

Claro que hay otros, edificantes, como todas la veces que apareciste en el cuadro de honor del anuario en la escuela, cada año, brigadier, jefe de grupo, cuestor de pobres y no sé que otro galardón que ganabas; o tu compromiso político y tu valor para cuestionar a nuestro Padre, don Heri, que se las gastaba fuertes, defendía sus puntos y no se dejaba ganar ni en las damas chinas ni en el ajedrez; o como tu esfuerzo y tu ilusión por un México más justo y tu enorme capacidad para hacer amistades duraderas en todos los sitios por donde has vivido.

¿Cómo le haces *hermano*?

¿Eres como una vela?

Cuando íbamos a caminar en pandilla por los terrenos baldíos, a pleno sol, con el agua en cubetas para vaciar en los pozos de las ardillas y estábamos muy atentos al momento en que salían todas mojadas, en veces a punto de ahogarse, ibas ahí tú, hermano, liderando, cuidando de mí y de Rosario y Javier, caminábamos horas y kilómetros re contentos con las mascotas al hombro, amarradas del cuello con un listón, luego llegábamos al punto más lejano y nos refugiábamos en las sombras de los pinabetes donde comíamos el lonche que nos habían preparado y tomábamos agua y descanso.

Te recuerdo al lado de Billy, tu gran amigo, operando con el bisturí de su Padre a los gatitos que le habían quitado a una gata recién parida; imposible olvidar tus inclinaciones científicas, que te llevaron a estudiar ingeniería en comunicaciones y electrónica, y luego física, porque por ahí te dio y aunque Papá contigo nomás discutía -fuertes rivales ideológicos eran-, te ayudó con todo para conseguir chamba en el Centro Nacional de Energía Nuclear, a donde fuiste a dar con él hasta La Marquesa, en la visita con el mero macuarro, el Dr. Carlos Graef.

¿Y el apoyo que te dio Papá para conseguir la beca para estudiar en Stanford, donde ya te habían aceptado? Al enseñarle la carta de aceptación le sacó diez copias y fue y las repartió donde pudo hasta que la Comisión Nacional de Zonas Áridas te recomendó con el CONACYT; luego te dieron una beca, esa que fue como volver a conseguir la suya y la de todos quienes después vinimos.

Jaime, tus amigos de la inolvidable bananera, el Robert, Mark, Nano, Toledo y el condorito Ortiz, le pusieron a Papá don Torreone, ¿recuerdas? Papá la gozó con ellos. Mario Puzo acababa de publicar *El Padrino* y Marlon Brando de representarlo en un film de Scorsese.

¡Pity, hermana, Rosario del Carmen!, la mera bisagra, la de en medio, el gozne. Siempre te gustó decir que Jaime, tú y yo éramos el jamón del sándwich; Rosy, Beto y Fede, el pan de arriba y, Javier, Gaby y Checo, el de abajo.
Tres tercias de doble varón y dama tuvieron nuestros padres. No les bastó con la parejita.
¡Ay Rosario, Rosario del Carmen!, mira que llevas el nombre de nuestra madre, te recuerdo delgada, entrona, enseguida de Jaime siempre, se recibían con cariño y comprensión, se cuidaban, se protegían, nunca quisiste que te dejaran fuera en los juegos de San Isidro, ni fuera en nada.
Contentísimo hubiera estado Papá de verte en el teatro Nazas, cuando te echaste el discurso de inauguración del Congreso anual de la asociación mundial de museos. Pusiste a Torreón en el mapamundi de la cultura, por tu trabajo de años en los museos locales, el de La Laguna, primero, y el Arocena, después. Con tu paciencia y tu diligencia tejiste una red de relaciones que te llevan cada año a algún país del mundo, en donde entras gratis a los museos y eso es lo que más le agradaba a Papá. Hermana, tú también has llegado más lejos que él.
Hermana, tal vez en ninguno como en ti sembró Papá su capacidad de resiliencia, de superación. Un día, me dijiste que cuando fuiste

sola hasta Nueva Zelandia, sin marido, sin hijos, ni hija, sin Papá ni Mamá, ni amigas, sola y tu alma, por tus propios méritos -pagado el viaje por tu trabajo y tu tesón-, por fin sentiste haber digerido aquella amargura encriptada cuando Papá y Mamá no te dejaron ir a estudiar fuera y cuando luego a mí sí me mandaron, dos o tres años después, a Monterrey.

Rosario, Pity, querida Piticultura, tus libros *La máquina de coser*, *Ya no hay trenes* y, el más reciente, *Los días de Mamá*, han sido motivos de inspiración para este veliz que aspira a ser feliz y a complementar, sin agotar, los registros de las andanzas de la familia.

Tengo la impresión de que Papá siempre tuvo sus reservas respecto al Casino, creo que si fue socio pronto dejó de serlo porque le dolía pagar las cuotas o porque era un club exclusivo y él se sentía raza. Sin embargo, no dejaba de usarlo, ahí subió contigo la gran escalera, acompañándote al compás del aria Aída, iba todos los años a las graduaciones de sus hijos, al baile de año nuevo, ahí fueron las bodas de dos de sus tres hijas, pero no fue parroquiano del barecito que atendía la Borrega ni era muy amigo de los que allí jugaban dominó todas las tardes.

Hoy que te veo ahí con las musas, las risas de niñas y niños, los edificios recuperados, la difusión que haces de tanta obra, la biblioteca, el curado, los ciclos de cursos y conferencias, pienso que va más seguido allí don Heriberto a pasar gratos ratos en la sala refugio que ahí le ubicaste junto a Mamá.

¿Te acuerdas del Chirrios? El perro que llevaste un día a la casa, en el 68. ¡Qué perro tan chafa era el Chirrios!, según esto con pedigrí. Flaco, nervudo, chaparro e inquieto, tricolor, de pelo blanco y cabeza negra, con una sombra café en derredor del ojo izquierdo. Pero eso sí, listísimo, vago y pendenciero.

Papá nunca tuvo mascotas, pero igual dejó que viviera en casa catorce años ese animal de grandes proezas, compañero de las infancias de cuatro.

A propósito del 68, muy bien te recuerdo en el estadio olímpico universitario, en la ceremonia de clausura, cuando te brincaste la bardita del graderío y te fuiste con la multitud corriendo hacia el centro del campo, a fundirte con los atletas de todo el orbe, tomar fotos, bailar y cantar. Papá te llevó, consiguió boletos y hasta allá fueron a dar.

Y a propósito del 68, también imposible no mencionar la matanza de estudiantes en Tlaltelolco. El 2 de Octubre que no olvidaremos jamás.

¡Juan Enrique, te toca, al frente!
Me pusieron como a mi abuelo Enrique, el Papá de Mamá. Mi Madre así quiso honrarlo y don Beto le hizo caso, que al cabo ya habían tenido seis hijos y todavía tendrían otros tres.

Además, me pusieron como a mi hermanito, el que murió de meses unos ocho años antes. A Jaime no le pusieron como Enriquito, porque aún estaba muy reciente su muerte. Y a Rosario le pudieron llamar Enriqueta, pero Mamá, después de cuatro hombres ya quería tener otra niña, así que tuvo que cumplirle la promesa "a esa virgen que se la concedió". En cambio yo, que nací después, varón, séptimo de la familia, pues como que ya no traía chiste. Me pusieron Juan Enrique porque nací el 24 de junio; y para recordar y revivir a un hermano; y a un Padre.

A mi abuelo Enrique no lo conocí, no sé dónde nació ni dónde murió. Lo único que recuerdo de él es una foto donde está con mi abuela el día en que se casaron. Él era alto, delgado, de ojo azul y cara de medio estirado. Se me hace que ha de haber sido creidillo. Mis tías, las hermanas de mi Mamá, siempre dijeron que tenía la sangre del color de sus ojos, el mismito. También sé que el abuelo Enrique casi siempre andaba ausente, buscando el sustento. Sabía hablar inglés y trabajaba encontrando minas.

Tenía su familia en San Buenaventura, un pueblo al norte de Coahuila, a donde regresaba cada cierto tiempo, a la visita conyugal y a hacer otro hijo.

Tuvo un hijo mi abuelo antes de casarse con la abuela María, la mamá de Mamá. Se llamaba José María y le decían Chémari. Mi abuela lo crió un rato junto con el otro montón, pero pronto se fue. Mamá lo quiso muchísimo, se acordaba de él -pobrecito Chémari-, decía, así como viendo hacia el horizonte por donde desapareció.

Al Chémari le gustaba escribir, parece que en parte de eso vivía; y de darle de comer a las palomas en la plaza de la ciudad de Parral. Escribía una columna que se titulaba *A la vera del río*, trataba de reflexiones y sucesos en esa villa que fue de Villa.

No sé cuándo me formé la idea de que siendo como el Chémari aseguraría el amor de Mamá. Supongo que el de las palomas me importó algo también pues nunca he sido nefasto con las aves de paz. No sé porqué el Chémari nunca se casó. Quizás no le gustó tampoco la idea de ser Papá.

Al Chémari un día lo encontraron muerto en el cuarto de un hotel, solo. Ya tenía varios días ahí. Mi tío Enrique fue a Parral a reclamar su cadáver, al pobre le tocó lidiar con eso, por haber sido más o menos del mismo vuelo. Creo también que el Chémari era piromaniaco, que un día quiso incendiar Parral, pero a lo mejor no era de él eso, se lo endilgaron, por raro. A saber. La verdad a mí nunca me dio por ahí, aunque un día sí incendié una pradera, fue un error y en campo abierto, sin mayores daños que lamentar.

¿Estaría orgulloso de mí mi Padre?

Transcribo una carta que un día me enviaste, Heriberto, con el título de Carta de un Padre a su Hijo, porque antes te había enviado yo una titulada Carta de un Hijo a su Padre, haciéndole al Kafka, el día en que con mi esposa convine un sabático, para ensayar si viviendo separados podríamos estar juntos, ya que viviendo juntos no lográbamos más que estar separados.

En papel membretado con el nombre de

ING HERIBERTO RAMOS GONZALEZ
Torreón, Coahuila, 30 de noviembre de 1989

MI QUERIDO HIJO:

¿Qué te puedo decir en contestación de tu linda y fabulosa carta?, solo que eres una persona de ideas profundas y filosóficas y, en cambio, yo soy un simple aficionado al pragmatismo, ni más ni menos como los hay infinidad de ellos, en la lucha diaria y constante de los hombres para sobrevivir en este mundo habitado por caníbales.

Pero, sea quien sea, tengo el privilegio de ser tu padre y al leer y releer tus cartas me lleno de orgullo y satisfacción, porque tienes la capacidad de transmitirme tantas cosas bellas, que me llegan al corazón y además tienes la sabiduría de analizar adecuadamente tus sentimientos, tus avances, tus retrocesos, las diferentes etapas de tu vida, con un gran sentido, donde se conjuga para bien el profesional estadístico con el futuro escritor de altos vuelos.

Me parecen muy atinadas las conclusiones que muestras en tu larga y preciosa carta. Supongo que el hombre joven o viejo, después de analizar sus andanzas, debe siempre considerar metas a seguir para condicionar más adecuadamente su futuro. Tú eres muy joven todavía y tienes a tu favor muchos caminos que recorrer (Ejemplo, Camilo José Cela, a los 76 años culminó su carrera). Por ello, siento que vas por el camino correcto.

No te cuestiones tanto, ábrete a la lucha diaria de la vida, lo que te dará pautas a seguir en tu camino, que seguramente ya tienes señalado. Y si es así como piensas, pues me satisface que lo manifiestes en uno de tus primeros párrafos y a lo largo de tu carta, encauzando precisamente con alegría, entusiasmo y anhelo firme el seguir la ruta de tu vida, decidido como dices a no entregar un minuto más de los que restan a la decepción y al desánimo.

Tienes a tu favor un sinnúmero de ventajas, tales como una profesión, con un doctorado encima, tu trabajo universitario, que te permite adentrarte en nuevas actividades, afines a tus propósitos, una familia linda y sólidamente formada, medios económicos casi suficientes, un amplio panorama por delante y un equipaje que sí sirve para seguir; lo que has escrito, es el despegue que toda persona que valientemente como tú, se pone a borronear, tachar, romper, o no sé que, tendrá sus satisfacciones en un futuro no muy lejano.

Así pues, todo está a tu favor, necesitas ahora ir trascendiendo. Y este hecho te lo subrayo, porque ha salido de tu propia carta y es el eje de todas tus acciones futuras, pues hay que trascender, lenta, paulatinamente o a grandes zancadas, pero al fin trascender, debe ser el objetivo constante de tu vida.

Y aquí refiriéndome a tus primeros párrafos, permíteme decirte que a mí la vida tampoco se me mete por los poros y además que ya no traigo nada entre las piernas. Dichoso tú que sientes algo y envuelves tu existencia día a día y a cada rato.

Ahora una noticia buena: aquí en Torreón ya has trascendido; se dice entre el grupo que gravitamos alrededor de la Universidad Autónoma de La Laguna, la UAL, que eres el padre de El ALFILer, pues con tus sabios consejos, cada uno de nosotros no salimos de nuestros hogares si no llevamos una serie de alfileres, necesarios para su uso, en cada momento que empezamos a volar muy alto o demasiadamente.

Lo anterior se comprueba con el artículo escrito en el Siglo de Torreón, del pasado domingo 26 de noviembre, en la columna Mirajes, de nuestro amigo Don Emilio Herrera, que te adjunto, donde se desarrolla en torno al alfiler toda una editorial, lo que tiene como origen la simple observación que en una ocasión me hiciste notar, al hablar demasiado sobre mis andanzas en la UAL.

Carmela, tu querida mamá, la que dices que está aparentemente al margen, te escribe una bella carta, que demuestra que no está al margen y además que ella sabe redactarlas mucho mejor que yo, y aparte, además intuyo que tu lira poética de novel escritor, seguramente viene más de la sangre de ella, que la de éste, agrónomo de profesión, sin estudios de redacción, ni de literatura, simplemente pragmático.

"Si tienes dinero, todo lo demás no importa", estas palabras no son en esencia lo que exactamente te he dicho en múltiples ocasiones; yo pienso, y lo sigo afirmando, que el dinero nunca sobra, ni tampoco estorba; el tener dinero hoy en día, desde luego que estoy de acuerdo contigo que no es todo en la vida, pero cómo ayuda a la solución de los problemas cotidianos, que son el diario acontecer de las familias.

Habría otras muchas cosas que decirte, pero ésta se ha alargado y qué mejor que muy pronto tenga la satisfacción de verte y platicar de tú a tú, con menos rigidez, con más franqueza y con más cariño y amor.

Muchos abrazos y saludos para Lucía y los adorables nietos.

HERIBERTO

¡Javier, hermano!:
Papá esperó por años a que uno de sus hijos trabajara con él y no se le hizo hasta que regresaste a Torreón. Papá nunca nos impuso lo que teníamos que hacer en nuestras vidas. Siempre nos ofreció trabajo -que a veces alguno tomó-, pero solo contigo pudo empezar una empresa de tiempo completo, el desarrollo de un fraccionamiento residencial, primero, y la construcción de viviendas, después.

Papá atendía clientes, cobraba y visitaba las obras; casi todas las tardes, después de comer y de la siesta reparadora, subía a su carro, invitaba a algunos de sus hijos o a algún socio y se iba a dar la vuelta por la ciudad, a pensar, a comentar, siempre ideando planes, en veces grandes proyectos, en otras, pequeños, cría de chivas, producción de queso, nuez, tomates, tractores ¿qué no hiciste Papá?

A Javier un día Papá lo llevó al regimiento del ejército que está a un costado de Torreón y lo metió a equitación. En menos de un año ya era campeón. Salió bueno para brincar obstáculos a caballo el chamaco y eso nunca se le olvidó.

Yo todavía te veo en cuclillas sobre Pegaso, Javier, con los pies ensartados en los estribos y las rodillas pegadas al lomo del animal, volando por encima de una valla en forma de cuarto de círculo, con más de metro y medio de radio. Vas raudo con tu bonete y tus botas de charol hasta la rodilla, jinete de espuelas doradas, fuete de cuero, pantalón blanco y saco negro muy bien planchado, encima del brioso y ligero corcel, la vista fija, clavada en el horizonte, equilibrado sobre insignificante montura.

Aquí, desde tu propia pluma, una descripción de tu Padre:

"Luego que inicié mi aventura empresarial, viviendo todavía soltero en Hermosillo, no se me olvida cuando mi papá, de visita por aquella ciudad, me dio su diagnóstico certero:

-Esta carpintería no es negocio. Ciérrala ya.

Había yo ideado en 1984 el negocio de la carpintería. La profesión académica estaba en crisis, los sueldos reales en caída libre. Pacté con dos amigos carpinteros la sociedad, ellos los socios industriales y Enrique, yo y alguien más, como socios capitalistas. Ya muy al estilo de las sociedades que mi Papá formaba, sólo que en este caso no teníamos una puta idea de cómo hacer las cosas.

También recuerdo perfectamente la práctica de mi Papá de llevar la contabilidad mes tras mes, revisarla y analizarla. Esa buena práctica contable sí la seguí y fue justamente al revisar los "balances" del negocio carpintero cuando mi jefe emitió su oportuno y pertinente dictamen. Esa costumbre empresarial de mi Papá la conocíamos desde siempre. En Comercial Ramos, lo mismo que después, en Granja Las Gabrielas, mi Papá revisaba "los balances" del mes. Cada mes mi tío Tito le mandaba los balances, los revisaba, rayoneaba el reporte y sobre de él hacía sus apuntes con su letra de garabato que todos conocemos y luego pasaba el tío por mi papá, ya en la tarde, a hacer sus recorridos por las granjas.

A mí me gustaba revisar los balances. Empecé a curiosearlos. El Estado de Resultados era la clave de todo, porque ahí veías como iban las ventas y el control de costos y gastos. Pity fue por un tiempo la contadora de la granja avícola que manejaba mi tío Tito. Tenían sus oficinas en la Morelos frente a la gasolinera de Celso González.

Pero, regresando a Hermosillo, luego que cerré el changarro, mi jefe me tenía el remedio y el trapito:

Encargarme de las ventas del fraccionamiento San Luciano, que en aquel año de 1985 empezaba mi papá a desarrollar en sociedad con su socio Tito Salas. Mi primo Tito se encargaría de construir la barda del primer fraccionamiento cerrado que se proyectaba en La Laguna y de supervisar la

urbanización contratada, y yo me encargaría de las ventas y de la administración del negocio.
Mi Papá fue mi gran maestro en la materia empresarial. Todos los días le aprendía, sobre todo en el trato con la gente y en la manera de hacer los tratos de negocio. Tenía buen olfato para los negocios y sabía en quién confiar".
¡Hermano!:
Tallé para ti una pieza en ocote. Huele bien rico la brea que le impregné. Lleva una base con tus iniciales en bajo relieve. Aquí te va, Francisco Javier, Coneja, para que la tengas por ahí y te acuerdes de tu afición ecuestre o para que te sirva de espejo, gusto y/o talismán. Esta pieza salió de natura, ella la perfiló, yo solo tallé y labré, con el anhelo de emular al abuelo Pancho en algo. Luego la acaricié, la froté y arrullé, la miré, divisé y soplé, pulí y olí, recordándote, pasándole calorcito, con la vibra de tantos años:
Salió un caballo ocelote, carnal, animales fantásticos cuyas cualidades fabulosamente posees. Las de ocelote, me gusta pensar, te las pasó Papá; ¿y las de caballo?

¡Gaby, hermana, Gabriela Margarita!
Mamá siempre dijo que eras la más parecida en carácter a nuestro Padre. Y yo estoy de acuerdo, siempre has sido optimista y movida, transmites contento, eres solidaria y confiable, bueno, bueno, igualita a Papá.

Cuando tú tenías entre seis y ocho, yo tuve entre once y trece y lo mejor que nos podía pasar era llegar a casa y encontrar a Papá sentado en su sillón de la biblioteca. De volada ibas y te sentaba en sus piernas y ahí se quedaban un rato en el chacoteo.

Dices: "Cuando Mamá se enojaba conmigo porque había llegado tarde a casa o porque reprobaba alguna materia, me ponía triste o a veces también me enojaba y me quedaba por ahí fruncida en algún rincón; Papá, entonces llegaba y me buscaba hasta que me encontraba y ya luego se acercaba a pasitos, me guiñaba un ojo, me sacaba la lengua y me decía":

-No le hagas caso, al rato se le pasa, ya sabes cómo es tu Mamá-.

Una vez Papá te llevó a Manila, Filipinas, a una de las reuniones de los países productores de algodón.

-Tú vas a ser mi asistente-, te dijo, -te quiero aquí, al lado mío-.

Y ahí anduviste, cargándole su portafolio.

Tiempo después nos narraste:

"Recuerdo su destreza y carisma para moverse en el medio de la diplomacia, él lideraba la comisión de México, además tenía que ver con otras comisiones como la de USA, Egipto, España, Marruecos, Colombia, etc. Con todos hablaba y hablaba en inglés, su inglés (Mamá lo ayudaba mucho con las traducciones), yo no sé si se lo entendían, pero a todos los tenía ahí alrededor riendo a carcajadas, siempre lograba los mejores lugares y estar en la mejor foto.

Esa vez hubo una cena de gala en la que nos recibió el Presidente de Filipinas y su esposa: los sentaron a él y a Mamá en la mesa de honor. Papá estaba radiante, como pez en el agua; no cabe duda, eso era lo suyo, le gustaba conocer gente, platicar, intercambiar opiniones e ideas, chotear, gozaba con las comilonas que nos servían, con la música y con el baile".

¡Gaby, hermana, eras una flaquilla traviesa, con gran ingenio y muchísima cuerda. Y en el jalón te llevabas a Checo y a todos los primos o primas de la edad.

Yo te recuerdo en la foto en la que sales vestida de matachín, Mamá la puso en el *jol*, junto a la tele, estaban ahí otra de Pity y otra de Rosy, las tres reinas de Mamá y Papá, esas mismas que aparecen con él ya muchos años después, en una foto de viaje, a los que siempre supiste persuadir que te llevaran a pasear.

Y a ti también Papá hacía como que te pegaba con el cinturón cuando le reclamaba Mamá porque nunca nos decía nada; a ella de pronto se le cerraba el mundo y ya no sabía contigo qué hacer; como cuando te subiste con Checo a la mesa de cristal en la terraza que daba al jardín, se pusieron a brincar y rompiose muy pronto, por su puesto, el cristal; o cuando fueron, otra vez con Checo y un primo, a tirarle huevazos a la puerta del vecino de toda la vida, aún no entendemos por qué.

Gaby, carnala, tu vida y la de Checo quizás estén tan unidas como la de Beto y el Pelón. ¿Recuerdas que jugando a la escuelita, tú eras la maestra Obdulia y Checo era el alumno René?, ¿de dónde sacaron esos nombres? Creo que he oído que a Checo tú le llamabas de otro modo y él insistía en llamarse René. Pero, ¿Obdulia?

Sin duda que siempre has tenido una gran imaginación. ¡Ah, cómo le gustaría ahora a Papá que le dieras un buen masaje en todo su cuerpo, especialmente en sus pies!

¡Checo, José Luis, hermano! Pochepo, Pouchepo, recuerdo te llamaban así Dennis y Chris, los amigos de California que llegaban de intercambio a casa en los veranos. Luego te tocó a ti viajar y desde entonces recorres tan bien los caminos del mundo.

Cuando regresó Papá del viaje en que pasó a visitarte en Italia, para saber a dónde habías ido a estudiar la maestría en economía, venía tan contento que a todos los que veía les decía:

-Checo vive en Viterbo, "vichino a Roma"-, pues así en italiano se dice que Viterbo y Roma están próximos, casi pegados.

Nadie mejor que tú mismo y tus letras para recrear ese momento:

"Me gusta acordarme de Viterbo vichino a Roma (vicino en italiano, donde la c se pronuncia como ch en castellano), porque durante tres días fui el centro de la atención de mi padre.

De mi madre ya lo era desde muchos años atrás, pero para serlo de él, de manera adulta, seria y aplaudible, tendría que cruzar el océano, ser master o doctorado, diputado, gobernador o presidente de un banco. Y tuvo que ser *vicino a Roma* donde logré por fin su atención, estábamos en un hotel, rodeados de turistas franceses, ingleses e italianos tomando

café, cuando de repente, Papá, erguido y muy *pronto* (listo, en italiano) les dijo a todos:
 -Mi hijo speaks four languages-,
 Y luego me dijo:
 -Mira José Luis, háblales en inglés, en french and italian, por favor, ¿a ver qué nos platican?-.
 Y yo, entre apenado y glorificado por el mandato de mi padre, sentí que finalmente lo tenía, me pertenecía y formaba parte de ese grupo selecto de grandotes, hombres importantes, mis hermanos... ¿y cómo no?, si ya tenía 22 años y desde hace algunos recorría mundo sin su compañía".
 Carnal, la última vez que estuve en tu casa en Torreón, una mañana que amanecí muy temprano, escuché desde una recámara venir unos pasos lentos arrastrándose por el pasillo; me sonaron idénticos a los de Papá cuando caminaba en las madrugadas desde su cuarto al baño amarillo. Luego, al alzar la vista, apareciste en calzones y en pantuflas, sin camiseta ni calcetines, con una bata blanca al hombro, caminando despacio.
 ¡Eras Papá, qué bruto, igualito!
 Fue esa vez que entendí bien claro que hay que procurar a hermanas y a hermanos, pues ahí está el mejor legado. Además, para convivir, de otro modo no te conoces. Pero que sea por un tiempo breve, unos tres cuatro días, máximo una semana.

Papá, siempre que llegábamos mi familia y yo de visita a Torreón, nos decía, al llegar y al despedirse:
 -Las visitas dan dos grandes gustos: uno, cuando llegan; y el otro, cuando se van-.
 Carnal te pareces a Papá, no solo en sus anchas espaldas, en el ritmo de sus pasos, su cadencia al caminar; eres también un lince para los negocios, tienes visión e ímpetu, arriesgas, eres alma sensible, un ser que disfruta, de los que mandan, un Padre cercano.
 Y luego me dices:
 ¨Que tengo mucho de Papá, pues ¿cómo no? si somos todos su sangre, su herencia y su trascendencia. Sus espaldas las tengo yo, su terquedad y persistencia, tú; su ímpetu, la Pity; su habilidad para ascender en organizaciones, Federico; su candidez, Gaby; y su diplomacia, Beto; su sentido comercial, Javier; su curiosidad, Jaime; su gentileza, Rosy; sus cachetes, Alejandro; y sus cenizas, Enriquito¨.
 Y, luego, cuando te escribí:
 ¨Lo que sí no te viene de él es tu vena de bardo erótico, ¿o sí? ¿Has escrito ya algún poema sobre don Heri, el Padre feliz?, ¿el Padre que fue padre, sin redundar?¨, me contestaste:
 ¨Te mando un poema que escribí cuando murió, como homenaje¨:

De los viñedos de la Rosa

Emerges de una tierra ennegrecida
cubierto por el manto delicado de tus padres Franciscos
alimentado de la noble reunión de tus hermanos,
chiquillo
corres por las vías del tren que traspasan la frontera de
Coahuila,
así estructuras tu vida, padre,
en los durmientes de roble con que van tropezando tus pies,
muy joven te forjas ingeniero
rebelas tu mente tu carácter impetuoso
alineas las formas de tu persona a un perfil trinitario
eres generoso progresista pragmático.
Firme como nuestros mezquites
te siembras tercamente al desierto lagunero
con otros pioneros notables
abonas vida a esta comarca,
para reverdecer la tierra
afanosamente dispones de agua semilla arados
la mudas de ese vetusto color calizo arenoso,
en tu camino inventas una estirpe afortunada briosa
(hojarasca como los viñedos de la Rosa)
que embala tu nombre y tus significados
a esos confines del mundo que nos enseñaste a perseguir.
Abrazado a Carmelita, tu amada,
conoces el paraíso que proyectaste de niño
de sus labios bebes el amor ávidamente
con su paso llegas al final de tu jornada
seguro fuerte como son los mezquites de tu tierra.

¡Heriberto Alejandro!

Supe de ti cuando tenía unos treinta y seis años, de inmediato quise conocerte y, una vez, en Guadalajara te encontré.

Eres el que más se parece de joven a Papá, más que mis cinco otros hermanos. Sé que tuviste una relación con él, imagino igual de profunda que la que tuvo con cada una de mis hermanas y hermanos. Sé que estás casado y tienes un hijo, que te gusta mucho leer y escribes artículos en el periódico de Torreón. Qué bueno que te va bien.

Gracias por tus palabras para estos recuerdos:

¨¡Qué bien va quedando tu libro, brother! Me da gusto ese recuerdo que haces de don Heriberto, nuestro padre. Gran viejo, a veces lo extraño tanto.

Sí, recuerdo ese día que llegaste a GDL y te quedaste en la casa de asistencia donde yo empezaba a vivir, a los 22 años, comenzando mi primera maestría en el ITESM, pagada por Banamex.

Don Heriberto me dio muchos consejos, ya en los últimos años de su vida nos veíamos en su oficina, a veces se me quedaba viendo por largo tiempo, nomás viéndome. Estar con él, convivir más, antes de que partiera, fue la principal razón por la cual yo -bien establecido, viviendo y trabajando en GDL-, decidí regresar a vivir a Torreón¨.

3ª: De nietas y nietos sobre el abuelo

20

Hacia otra versión de *heterotanatofonía*.
La palabra no es muy dulce que digamos, es compuesta, especie de contrario, antípoda múltiple de la más amigable auto-bio-grafía. Además, lleva inmersa la referencia a la muerte, en vez de a la bios vida. Y suena bastante: son los sonidos de voces diversas, las palabras de varias personas.

Vía *facebook* pude recrear otra imagen de mi Padre, cómo lo veían, principalmente, sus nietas y nietos, cuando fueron chicos o jóvenes.

La palabra y el concepto son de Néstor Braunstein, se encuentran en su libro *Memoria y espanto O del recuerdo de infancia*, ed. Siglo XXI.

Una nieta:
Yo recuerdo a mi abuelo Heri siempre riendo y bromeando. Y Carmelita, medio renegaba de tanta broma. Pero en el fondo le encantaba. Reírte con tu pareja te hace la vida más llevadera. Y Carmelita, vaya que se reía.

Tenía muy buenas ocurrencias don Heri, era excelente conversador. Una vez le *chafiretié* para ir a Mc Allen. Íbamos los abuelos, Oli -que era una púber- y yo. Todo el camino me fue platicando de su vida, del lugar donde nació, de Sabinas, de la Narro, de sus hermanos, en fin. Tengo ese recuerdo

tan marcado que cada vez que paso por esa carretera me acuerdo de ese viaje. Luego, ya en Mc Allen, recuerdo cómo se cotorreaba a la tía Bertha; y en el hotel, nomás llegando echó todos los botecitos de champús y cremas en una bolsa. La abuela, cuando se quiso bañar, estaba fúrica porque mi abuelo ya había guardado todo. Nomás le gritaba: ¡Heribertoo!
 Yo me moría de la risa.
 Al final esa es la imagen que me quedó de él:
 Una persona que te arranca una carcajada y que te hace reír ¡es muy valiosa!

Otra:
 Tío, te cuento la única vez que mi abuelito nos regañó:
 Estábamos en la Urrutia Ana Gaby y yo, molestando a mi hermana Lucía. Lucía fue y le dijo a mi abuelo y entonces él nos habló, nos sentó en un sillón y nos dijo:
 -No anden haciendo pendejadas-.
 Nos impresionó muchísimo.
 Pero ahora me da un chorro de risa.

Y otra más:
 Yo de mi abuelo tengo un recuerdo de alguien cariñoso y con mucho carisma.

Todos los domingos nos escondía en el jardín veinte pesos a los nietos (para que no estuviéramos molestando adentro).
Una vez que me fui a dormir una semana a su casa, en las mañanas me hacía *hot cakes* en forma de Mickey.
Y me acuerdo mucho de él con sus negritos congelados en el congelador que estaba por la escalera de atrás.
También me acuerdo de lo que dijo la Ale.

Y otra:
Cuando estaba en secundaria trabajaba con él durante el verano, me acuerdo que me gustaba mucho entrar en su oficina, de alfombra verde y olor a aire puro, se me hacía una oficina de magnate; y verlo cómo trabajaba, le daba instrucciones a su secretaria, hacía sus llamadas telefónicas y se echaba una siestita.
Otra vez que no se me olvida era que siempre que íbamos a algún viaje, mi abuelo me ponía muy nerviosa porque nos preguntaba a Andrés y a mí lo que habíamos aprendido del lugar. ¿Cuál es el número de habitantes?, ¿a qué altura sobre el nivel del mar está?, ¿cuál es la precipitación pluvial media anual? Esas preguntas me las sigo haciendo cuando voy a una ciudad "nueva".

Había que estudiar antes de llegar a comer con el abuelo el domingo.
Me acuerdo mucho que era carrillento y luego lloraba de la risa que le daban sus bromas.
Una época le dio por decirme Penélope.
Y yo le decía: -Yo no me llamo así-.
Y se reía mucho
¿Quién sabe de dónde sacaría ese nombre?

Y otra más:
Me acuerdo de su cartera gorda, amarrada con liga, de sus calcetines de todos colores, su bata amarilla con orillita azul, del baño del fondo, su rastrillo y su peine, sus lágrimas al reírse a carcajadas, su cajita de medicinas repleeeeta, las levantadas muy temprano asándonos en su casa en pleno verano porque nos apagaba la refrigeración, su sillón de la biblioteca donde se sentaba con las piernas abiertas y el corto bien apretado (jajá, eso siempre me dio la impresión de que le aplastaba los "wi-wis" o testículos). Que días tan alegres nos dio a todos ese abuelo.

Una de las veces que nos visitó en Hermosillo, se quedó dormido sentado en el sillón, con su puro prendido, y le hizo un hoyo al descansa brazos color beige blanco del sillón "elegante" de mi

Mamá; jajá, por ahí estuvo su hoyo negro (quemó también su Caribe rojo).

Me acuerdo que me encantaba ver cómo la mano gorda pachona de mi abuelo le sobaba la mano a mi abuela, esa mano de piel delgada tan hidratada y pecosa.

Un nieto:
Cuando regresaba a Torreón un que otro verano, mi abuelo, al que nunca he llamado por su nombre, me prestaba el "Marquisón" de ocho cilindros, dirección hidráulica y caja de CD's en la cajuela.

Año tras año, el único CD que había dentro de la caja seguía ahí, nomás una canción tenía: *El jugador*, de Kenny Rogers.

Cada vez que oigo esa canción me acuerdo de él y siento que fue un mensaje que me dejó transmitido de por vida.

¡Youtubéenla!

Y otro:
Yo les quiero platicar algo que no es malo, pero tampoco cumple con el común denominador del ejercicio propuesto.

Un día en Torreón don Heri me preguntó que si ¿qué quería estudiar? Y yo le dije que ingeniero

químico; entonces, su respuesta, que yo no esperaba, fue (y cito):
-¿Y para qué quieres estudiar eso?, mejor estudia otra cosa-.

No es que yo haga las cosas para darle la contra a los demás, pero alguna motivación encuentro cuando alguien me responde algo diferente a lo esperado. Quizás también eso era una virtud de él. Fui terco, me convertí en IQ y estoy orgulloso de ello. No lo hice por darle la contra, pero les quiero comentar que a veces si hago cosas por dar la contra.

Una vez, en mi antiguo trabajo en Hermosillo, iba a hacer una patente y un muy muy Dr. del ITH me dijo que eso imposible era. De ahí me bastó para realizarlo.

Yo también trabajé en OCATOSA como la Oli. Y me encantó. ¡Fue mi primera experiencia laboral!

Y otro más:
Yo me acuerdo de mi abuelo cuando tenía el parche en el ojo y me asustaba: Ponía unas trompas, levantaba el parche del ojo y me decía:
-¡Buuuuu!-.

Yo abría mucho los ojos, de como me asustaba, pero me le quedaba viendo. El solo se reía y seguía platicando.

Otra vez que también me invitaron los abuelos a dormir en su casa, me decía mi abuelo que me durmiera con él, pero yo no quería porque había dicho alguien que se hacía pipí en la cama. No recuerdo si dormí con él, pero en la mañana me hizo unos *waffles* que saboreaba.

Me acuerdo que cuando Poncho me llevaba a algún lugar, me contaba mucho de mi abuelo. Me decía que cuando lo llevaba por una comida, mi abuelo le comentaba: -Poncho, agarre toda la comida que pueda, es gratis-. Jajá.

Poncho tenía una gorra del PRI y me decía:

-David, TENEMOS que votar por el PRI porque ahí está tu abuelo-.

Se siente que mucha gente admiraba a mi abuelo. Estoy muy orgulloso de él. Por lo que cuentan, a veces siento que me parezco a él y quiero llegar a ser tan exitoso como mi abuelo.

Y otro:

Las carcajadas del abuelo, los calcetines de colores. La cartera, la pasión por el dulce.

Yo tenía en mente ser médico cuando falleció, me gusta servir a la gente.

Me metí con Billy a la autopsia, a quitarle el marcapasos y pensé: con el corazón que tiene el abuelo, ha de traer un maquinón.

Una nuera:

Cuando Jaime y yo anunciamos nuestro matrimonio, don Heriberto nos invitó a cenar al restaurant argentino Mi viejo, en Polanco.
En una mesa estaba Cantinflas con Irán Eory, cenando; don Heri de inmediato se acercó a saludarlos y se echó un buen cotorreo cantinflesco. Al rato, cuando se retiró Cantinflas, don Heri se paró de nuestra mesa y fue y agarró la botella de vino que había dejado Cantinflas casi llena. A un mesero que vino a increparlo le dijo que Cantinflas e Irán le habían cedido el vino para que brindaran las novias: Gabriela Ramos -a la que le habían dado anillo-, y yo, muy contentas.

Un hijo:

Cuando estaba en Stanford y conocí a Robert Williams, le escribí a mi Papá y le dije que yo era hedonista. Y él, entonces, haciendo como que no sabía que significaba esa palabra, fue y le comentó a mi tía Inés: -Fíjate Inés, que mal andamos, Jaime ya se hizo hedonista-. Y se reía porque mi tía no entendía el significado de esa palabra.

Otro:
   Si pasó Papá de joven por las lecturas clásicas ¿cómo no?, le dieron una cultura general que siempre tuvo, pero no ostentó. Sabía de los grandes valores literarios, de los personajes universales y sus vidas ejemplares; lo que pasa es que fue un lector práctico, como todo lo que hizo, valoraba la experiencia de un pasaje literario y la guardaba para siempre en su memoria, ¡arsenal indiscutible de sus batallas!

Otro de los anteriores, ¿quién será?:
   Papá me platicó de los escritos de Thoreau en Walden Pond. En aquel tiempo pocos hablaban de la vida de Thoreau, y él la conocía. Su memoria era muy buena, amarrando cabos, podía armar una buena historia.

Y una hija:
   Papá conocía muy bien el tema de la revolución, es cierto. Seguido nos platicaba que había andado en los cerros peleando, cosa que no fue verídica. Pero platicaba tan padre que nos la creíamos. Su anécdota más repetida era cuando había andado contra los cristeros, robando huevos de águila para hacerle el desayuno a la tropa; -yo era el cocinero-, decía.

Y otro hijo:
Yo en alguna ocasión escuché que mi abuelita Panchita leía unos cuentos de historietas de raíz alemana que le encantaban -como las telenovelas de ahora-. Y en esos cuentos los nombres de los personajes eran Herbert, Friedrich, Otto, Arnold: de ahí tomó los nombres que les puso a sus hijos.
Luego investigué el origen de mi nombre, y sí, es de un santo germano. Hasta a mí me salpicaron los gustos alemanes de mi abuela. Lo único que agradezco es que no me pusieron Heriberto Maximiliano.

Y otra hija:
Papá contaba que mientras estudió en Saltillo, por el año 30 le tocó la revuelta de Escobar y que él fue a alguna manifestación para ver qué onda. Ya desde entonces le inquietaba la política o lo que sucedía en el momento.
De lo que cuentan de la abuela Panchita, también tenía una libretita donde apuntaba adivinanzas; por cierto, yo tengo una copia y Rosy es la *suertuda poseedora* del original.
Yo me acuerdo de la abuela Panchita, sentada en una mecedora, gordita y plácida, como era Papá.

21

Y, para dejar constancia de un momento en el devenir de la prole, efecto cascada de don Heriberto, una parte de su árbol gene-a-lógico:

Rosy tiene cuatro hijos: José Alberto, Rosa María, Carlos Eduardo y Ana Sofía. A su vez, Pepe tiene a Camila y a Micaela, que viven en Madrid y en Rotterdam; Rosita es madre de Brenda, Poncho y Daniela (Poncho pronto será papá del primer tataranieto); Carlos, cuate de Rosita, tiene a Regina, Carlos Eduardo y Mariela. Y Ana Sofi tiene a tres chulas: María Sofía, Ana Paula y Emilia.

Beto tiene tres hijos: Betito, Ernesto y Hernán. Betito está ya con Papá, Erne tiene a Ernesto, Emma Sofía, Natalia, Sabina y Miranda; y Nán tiene a su Ximena, que en este momento es *la* más joven descendiente de Papá.

Federico, el Pelón, tiene a Maricela, Federico y Gerardo; la Mai es mamá de Sofía y de Andrés; y el Fede es papá de Valentina.

Jaime, el Mur, doctor, tiene una hija y un hijo: Olivia y Andrés.

Rosario del Carmen, Pity, tiene a Javier, Bárbara y Federico. Javi tiene a Amelia y a Elena; la Bai, a Santiago, Ana y Nicolás; y el Fede es papá de Marina, Olivia y Federico, en este momento *el* más joven descendiente de Papá.

Yo -el Kmote- tengo a Nidia, Mauricio, Sebastián y Beatriz. Nidia es mamá de Damián, Marco y Darío, que viven en Monterrey. Mauricio tiene a Mariana y a Andrés, viviendo en Phoenix *right now*.

Francisco Javier, la Cone, tiene a Juan Carlos y a María José.

Gabriela Margarita, por su parte, tiene a Luis, que está en Houston, a Ana Gabriela, en Monterrey, y a David, quien vive en San Antonio, donde empezaron Mamá y Papá.

José Luis -Checo que no es Sergio- tiene a Lucía, Alejandra y Luis Alberto, todos viviendo en el DF y Torreón.

Y Heriberto Alejandro, que tiene a Heriberto.

Hacia fines del siglo XX, Papá por fin accedió a la propuesta de Mamá de cambiarse a vivir a otra casa, porque la de la Urrutia 587 ya casi siempre estaba vacía y de todos modos había que darle mantenimiento a todos los cuartos.

Así que Papá y Mamá empezaron a construir casa nueva justo en los albores del siglo XXI.

Pero Papá murió en marzo del 2001 y no le alcanzó estrenar.

Y a Mamá sí.

Una vez que la visité en su casa nueva, le pregunté por Papá, que si ¿cómo sin él le iba?
Lueguito me respondió:
-Por ahí anda, en los pasillos lo siento.
-¿Y cómo no?-, le contesté, si ahí lo tienes por todos lados colgado, ahí está de joven en su título de ingeniero agrónomo, ahí en el atardecer, ahí en sus premios y diplomas, ahí en un discurso desde la máxima tribuna, allá en otro en la plaza de Toros Torreón, atiborrada, en los tiempos del acarreo -que no se han ido, aunque ahora son de color azul y amarillo también-; ahí en el río Nazas, en la caricatura de médico, donde ausculta al paciente que es el ayuntamiento, cuando presidente municipal; ahí el dibujo pintura de la Antonio Narro, ahí con Ruiz Cortines; ahí frente al maizal con el porvenir enfrente, el #8, ahí con el CD de la UAL, ahí contigo en sus aniversarios 40 y 50 y ahí en cada uno de los nietos, nietas, bisnietas y bisnietos que te tocaron, en cada una de las fotos de ellos que sus papás acomodamos en la galería de la casa nueva, buscándoles un lugar destacado en tu corazón, abuelita Carmen, abuelo Heriberto, qué bendición.

4ª: Para digerir los garbanzos de a libra

22

Escribir este libro me ha costado un huevo y la mitad del otro. Literal y literariamente. Y, lo peor: aún no lo termino. Lo bueno es que ya me falta poco y es menos de la mitad del testículo que me queda.

Hasta aquí escritas van tres aproximaciones a la vida de Heriberto Ramos González. La primera, *don Beto*, aunque no deja de ser una obra de ficción, puede calificarse como el uso, en la biografía, del concepto de relaxo: "género literario de nuevo cuño, liviano, nada de largo, pariente del relato y del relajo, dúctil, compuesto de retratos y de retazos, pringado de palabras calificadas como domingueras, pero que no lo son -si nos fijamos bien- son las palabras exactas para expresar lo que se requiere y re quiere, para las que siempre es posible intuir, del contexto, su significado" (Suiza en Sonora... *dixit*, Editorial de Mil Agros, 2011).

La segunda, *Papá rezumado en sus hijas e hijos*, puede también calificarse como parte de la historia de vida del mismo personaje, en tanto el esbozo de sucesos en los periplos de cada una de sus hijas e hijos, donde no me fue tan difícil captar rasgos distintivos de nuestro Padre. De ahí el rezumado.

Y la tercera, *De nietas y nietos sobre el abuelo*, es un *cale* de heterotanatofonía logrado a partir de textos breves con imágenes de don Heri no captadas por los anteriores intentos, sus facetas de abuelo, descritas por sus propias nietas y nietos, de cuando fueron jóvenes o chicos.

Lo que sigue, también pudiera considerarse como una cuarta aproximación a don Beto, distinta, ahora desde la colocación de una hilera de sucesos que explican los motivos que pudo tener un hijo para escribir sobre su Padre, aquéllos por los que escribí *El veliz de Papá*. Unos, terapéuticos; otros, esperanzados de hacer sentido, en la línea de Frankl; todos con el deseo de echar aire, oxígeno re laxo, a las cuestiones de cómo ser.

Cabe aclarar que en esta parte pueden leerse, en el orden que más les plazca, sin demérito alguno, los relaxos que siguen, separados entre sí por un renglón blanco: las distintas combinaciones ayudan a digerir mejor tan *abisal* el asunto…

Es tan escasamente singular el asunto éste de escribir sobre tu Padre, que ni siquiera mi Padre es el mismo que el de mis hermanos o hermanas, o el de mi medio hermano. Y no es que Mamá anduviese de coscolina, no; es que, como diría Luigi

Pirandello, algunos sí logran ser *Uno, ninguno y cien mil*.

-Ninguno de ustedes lo superará-, escuché afirmar contundente a mi Madre cada cierto tiempo, como si quisiese machacarnos la diferencia. Y eso que contamos en la familia con varias celebridades, prole de lujo, solo con vicios inocuos, menores, gente de bien, todas y todos, productivos, unos campeones y sanos ahí más o menos.

-Tu Padre fue mucho más grande, garbanzo de a libra-, escucho la voz tersa y de tono suave.

Es que alcanzaba pa'todos.

Aunque no era lo mismo pa'cada uno.

Y ya algunos -y algunas- lo han superado.

Siendo tan importante el Padre para los humanos, me parece que no hemos escrito aún suficientes libros sobre este tema. Está el de Barack Obama, claro, *Dreams form my father*, pero es más bien sobre racismo, herencia y política. Tratado, sí, está el asunto en la bibliografía de autoayuda, pero no tanto como la relación Madre-Hija; en definitiva, es escaso en la literatura. Borges y otros célebres bardos tienen poemas sobre sus padres, hay canciones famosas y algunas otras alusiones -el día del Padre-, pero libros sobre el macizo no abundan.

El africano de L'Clezio y la famosa *Carta al Padre*, de Franz Kafka, son excelentes ejemplos de los extremos del sentimiento escrito hacia quién te empujó pa'este mundo. El primero, de veneración exaltada; el segundo, de exacerbados reclamos.

Federico Campbell, escritor y periodista tijuanense, escribió *Padre y Memoria*, espléndida referencia sobre la influencia del padre en sus hijos, en especial cuando de escritores se trata. En este libro, Campbell analiza a fondo la novela que es considerada como la mejor escrita en México, *Pedro Páramo*, de Juan Rulfo, y que comienza justamente diciendo: "Vine a Comala porque me dijeron que acá vivía mi padre...".

Escribe el tijuanense, también en *Padre y Memoria,* sobre la relación literatura-neurociencias y sobre el acto creativo; incluye innumerables citas, entre las que destaco *El maletín de mi padre*, que es el título del discurso que Orhan Pamuk leyó en la academia sueca en el año 2006, al aceptar el premio Nobel de literatura: ahí narra Pamuk el turco que su Papá le dejó una maleta llena de escritos que no se atrevía a leer por temor a que fuesen muy malos o incluso mejores a los suyos; y reconoce que tal vez se hizo escritor por lograr lo que su padre no fue.

"Somos el deseo del otro".
Así define Jacques Lacan, abisal y lacónico, al ser humano que todos llevamos dentro.
Y, entonces, ¿para qué te quiso tu Padre?, ¿para qué te vio bueno?, son un par de preguntillas que andan aún por ahí, tienen *coda*, no han caducado.
Aunque hay quienes piensan que somos un salto del animal hacia el infinito, libres y capaces de superar todo destino. Nietzche escribió su *Más allá del bien y del mal* justo para demostrar que puedes zafarte de cualquier designio. Su Padre, ministro de culto, en voz alta se había preguntado sobre la misma pila bautismal donde remojaba al buen Friedrich, si hacia el bien o hacia el mal se inclinaría aquel neonato.
Y en *La danza de la realidad*, Alejandro Jodorowsky dice: para llegar a ser, verdaderamente, tienes que destruir tu origen.

El parricidio es una tragedia presente desde los inicios de la humanidad, al menos desde el comienzo de la civilización occidental pomposa. A Júpiter y a Saturno -o Cronos-, lo tuvieron que matar sus hijos, porque si no aquéllos se los comían, se los papeaban, los devoraban.

La famosa frase Shakespierana, en boca de Hamlet, se enuncia cuando ve el príncipe con nitidez que ha de matar a su madre, a su vez parricida.

El caso es que aunque muchos no parecen necesitar pasar por tan tremendos los trances -logran construir emporios, conservarlos y engrandecerlos por generaciones (como los que hacen pianos) en los que hijos, nietos y bisnietas continúan las proezas de sus genitores-, otros no somos así, de alguna o muchas maneras renegamos de nuestros padres, queriendo superar el origen, yendo por otros caminos, sin seguirle las huellas al Jefe, sin medrar por siempre a su sombra, en su línea, bajo su cobijo.

Así, la muerte del Padre es una forma de desaparecer sus influencias. Y no se trata aquí de que vayas a asesinar carnalmente al magnífico ni de que lo esté proponiendo: mi Padre murió feliz y de muerte natural hace ya más de diez años.

En una biografía cuyo autor es hijo del biografiado, la autobiografía es inevitable. Tanto como motivo es la catarsis, por más tributos que el pretencioso ofrezca.

Hubo un tiempo en que nada quería tener que ver con mi Padre, hace muchos años, cuando tenía dieciocho. Mi mundo se me vino encima, no supe qué hacer y arranqué p'al monte, queriendo llegar a un lugar en donde nada tuviese que ver mi Papá...

...Y entonces, en Torreón, hacia el sur me subí en un tren. Dizque contritos, en la estación me dejaron mis padres. A las dos horas de viaje me bajé en un poblado rural de nombre Jimulco. Solo, sin conocer a nadie, caminé hacia la escuela donde encontré al director y le pedí permiso para dormir en algún salón o en el auditorio. Luego que supuestamente se cercioró el profesor de que no habría conmigo ningún peligro, me dijo -sí ¿cómo no?- y me abrió la puerta de una aula. Iba ya a desenrollar mi *sleeping* cuando descubrí, arriba del pizarrón, una placa de fierro negro en la que se le agradecía al Ing. Heriberto Ramos González por sus gestiones realizadas para construir la escuela.

De inmediato le pedí al director que me acomodara en algún otro lado. Y sí, me llevó a casa de una viejita, donde dormí tres noches al pie de un altar lleno de veladoras prendidas frente a imágenes de cien vírgenes. Aguanté tres días, solo comíamos puros frijoles enteros, tortilla de maíz y chile.

Muchos años después, Papá me confesó que cuando supo que me iba a ir a Jimulco, enseguida buscó y encontró al comisario ejidal y le dijo que por favor me cuidara, sin decirme que eran amigos.

Luego yo también me quise venir a Sonora, para no crecer bajo su sombra. Aunque igual vine a estas tierras motivado porque Papá siempre hablaba maravillas de sus agricultores, que le sacaban nueve toneladas de trigo a cada hectárea, mientras que en Ceballos y en La Laguna, cuando les iba bien, apenas a tres llegaban. Y luego, más pronto que tarde, encontré en Cd. Obregón a alguien que lo conocía: uno de los de la foto con Ruiz Cortines...

Yo no sé, la verdad, si es cierto eso de que las personas tenemos que eliminar simbólicamente al Padre para que, anímicamente hablando, podamos desarrollarnos acordes no tanto al origen sino a la experiencia propia.

Que uno es el deseo del otro, lo acepto -lo confirmas cuando tienes hijos o hijas, pues les traes a este mundo sin consultarles-. No pides andar en éstas y luego repites lo que te hicieron en los que te siguen. Pero, de ahí a tener que eliminar al Jefe...

El punto es que tu Padre habita dentro de ti, está en ti, lo llevas pegado, impreso en el ADN. Tú eres su sangre y salvoconducto, su mensajero y su representante. Quizás por mucho tiempo no has querido ser como él. O no has podido. Quizás siempre lo has admirado, pero renuncias a seguir sus pasos, en parte por inseguridad, por enojo, o por creer que otro es tu destino, y porque sabes que siempre son otros los tiempos.

Sacarle de ti, expulsarle, exorcizarlo, correrle, -o invitarlo a salir-, eso es lo que quieres: serás más feliz en tu propio camino, crees.

Desde hace varios años padezco una terrible comezón en la coronilla. Me rasco todo el día y, a veces, en la noche me despierta la inquietud. He probado cremas, jabones, champús, masajes y hasta torturas dizque terapéuticas: nada me lo ha quitado. Ni siquiera la acupuntura.

Pienso que ese méndigo prurito socarrón puede estar ligado a que Papá me rascaba la cabeza y a mí no había otra cosa que más me gustara. En la mediodía o en la tarde noche, a la hora en que Papá se sentaba en su sillón favorito en la biblioteca, yo me acomodaba en el suelo a sus pies, sentado de manera que mi cabeza quedara justo a la altura de su mano colgante desde el descansa brazos. Y allí, mientras platicaba o leía el periódico, él me rascaba con sus dedos firmes y su mano gorda, con una presión y una ternura que fue solo suya.

Literalmente, me quedaba tieso: encantado.

De pronto, pienso también que esa comezón es la manera en que mantengo presente el recuerdo de mi Padre, que no lo dejo ir, que es a él a quien sigo atado, porque a fuerza de estarlo recordando, la rascada se convirtió en maña o estribillo corporal, lugar común, tu sabes: es el humo que te sale por la coronilla de la testa ruda, cuando estás indeciso o cuando pecar de sabio quieres.

En *La danza de la realidad*, Jodorowsky llama a su padre por su nombre, habla de locura, homosexualidad y violencia en su familia. Un padre estricto y soez, todo porque tenía el pito muy chico.
-Ese era su problema-, escribió Alejandro.

El mío lo tenía grande, al menos así siempre se lo veía yo de reojo, cuando íbamos a orinar al baño. Y entonces pensaba si así lo iría a tener de grande, si podría, acaso, cargar también el veliz color aluminio.

Debo despedirme.
Sin dejar de honrarte, Padre.
Sé que estás ahí, Heriberto.
Y te quiero tanto,
solo que es mi turno:
Esta vez no podrás acompañarme,
tengo que dejarte...

Una de las decepciones más grandes que he tenido en mi vida, fue atestiguar cómo Edgar Morin, sabio contemporáneo de los que más me gustan, en la ceremonia en que develaron su estatua en Hermosillo, ya por terminar todo el asunto -himnos nacionales de los dos países entonados, escoltas, saludos a banderas, tambores, discursos, poses y caravanas-, pidió otro momentito a los presentes para solicitarles lo dejaran decir unas palabras más. La plebe que ahí medrábamos enmudeció; y en el silencio de las caras de cada uno, dibujamos las cuestiones: ¿qué irá a decir el sabio, qué le faltaría?

-Lo que más me hubiera gustado es que estuvieran aquí mis Padres-, al punto del llanto dijo el gran hombre. Yo me quedé boquiabierto: he ahí el sabio, ya bastante rucón y todavía con el deseo de satisfacer el orgullo de sus genitores.

Años después, cuando seguí a Campbell, fui a dar con el discurso de Orhan y al terminar de leer sus últimas palabras, me volví a quedar con la bocota abierta: Pamuk expresó el mismo deseo:

"Honorables miembros de la Academia Sueca, que me habéis otorgado este gran premio y este honor, y distinguidos invitados: *yo habría querido que mi padre pudiera estar hoy entre nosotros*".

Todo un alud de vidas dando gusto al padre.

Hay que ir más allá de dar gusto al origen, ¿qué no?, por más que asevere Lacan que somos el deseo del Otro. Ya hasta Freud lo indicó en aquel texto sobre su viaje a Atenas, lo que sintió y descubrió cuando se vio a mero arriba, en el Partenón bien encumbrado.

Así que ¿cómo renunciar al impulso por lograr la satisfacción del otro, de quien te creó y te crió? Si somos el deseo del otro, ¿cómo ir más allá de esa circunstancia?

No me refiero aquí a negar la sangre, pero, cuando un intelectual sabio, a los ochenta y tantos años de su vida, o un literato laureado con el Nobel, confiesan que lo que más le gustaría es que supiesen sus respectivos padres hasta dónde habían llegado sus brillantes críos, que fuesen testigos de los reconocimientos alcanzados por sus ilustres vástagos -que tan fregones fueron-, como que no se me hace...

23

Otros aspectos relacionados con la palabra Padre me laten, suenan, vibran, bullen y reborbotan. Los tocaré leve, con la intención de explayar un poco en torno al Padre, lo padre, el pater noster, el jefe, el preciso, el chif, tu origen.

* Padre, en español, que es sustantivo, al usarse como adjetivo califica lo que es de tu agrado y positivo: padre. En cambio, a la hermosa y noble palabra Madre, la misma transformación le ocasiona valer madre, ser despreciable, una madre.
Mejor ser un padre a toda madre.
O una madre bien padre.

* Otro uso de la palabra padre, que más bien abuso me parece, es precisamente el que denota a los hombres que visten con sotana, los curas o sacerdotes a los que les decimos padres, ¿por qué? No lo sé, pero como que los grandes temas, el amor, la vida y la muerte, los plagian las iglesias, los monopolizan y pretenden hacerlos de su exclusiva incumbencia.

* Hubo en Torreón un padre Beto, que no fue mi padre, lo saco aquí a colación no por ojeis, sino porque oficiaba en la parroquia de la colonia Los Ángeles y la decoraba tan preciosa -flores de aromas penetrantes, cirios y campanas, coros, cantos, bellísimas estatuas de santos y de santas-, que hasta la misma virgen parecía descender de nuevo.

Cada verano todas las tardes de junio se llenaban de infantes vestidos de blanco que iban a ofrecer flores, tiernas gladiolas y alcatraces en copas. En la semana santa, a algunos de los niños les lavaba los pies y se los besaba el padre Beto, que vivía a unas dos cuadras, en la misma colonia, con un par de hermanas y con carro propio.

En Navidad, el padre Beto organizaba todas las noches previas al 24 unas posadas que reunían a cientos de vecinos de la iglesia, incluidos los de los barrios más pobres, que vivían cruzando una gran avenida, un boulevard contiguo a la ermita.

El padre Beto repartía bolsitas llenas de cacahuates, tejocotes, serpentinas y pitos, y toda la concurrencia caminaba detrás de un burro en el que iba montada María, representada por una niña rica y hermosa, de rostro claro, cabello lacio, vestido azul y velo cerúleo; san José, por supuesto, era representado usualmente por un joven guapo enfundado en purpúrea túnica, con bordón elongado y huaraches. Tras del burro, por lo general iban dos camionetas jalando amplias plataformas rodantes repletas de chavos y chavas sentadas, todos con velitas encendidas y cantando *"En el nombre del cielo...".* En esas plataformas nunca vi un niño o una niña de los barrios pobres. Ellos caminaban detrás, todos también bien contentos, cante y cante, con sus velas y dulces.

    Al padre Beto luego lo cambiaron de iglesia, lo mandaron al otro lado de la gran avenida contigua, a la iglesia de Cristo Rey. Para sorpresa de todos, pronto hizo resplandecer esta parroquia, no solo en su decorado, sino con toda la gente que iba a escuchar *su* misa.

* Por último, en esta serie de disgresiones, el nombre de Patria, me parece tan desgastado que se me antoja ya nada más adecuado para el de una perra.
    -Patria, Patria-, le diría entonces
    -Y la Patria vendría solícita.
    Así como quieren los globalifílicos...

Finale: Que no sea pronto

24

Narrada, leída y digerida que está ya esta historia, clarito se puede sentir que este libro con justicia hubiese podido llamarse *El feliz de Papá*, e igual puede afirmarse que así como al principio tuvo varios títulos y diversos comienzos, así también puede tener finales distintos, salidos de narrar las vivencias de algunos papás, imaginando, por ejemplo, cómo serían sus velices, las formas de sus *petlácatls*, sus acabados y peso: el del médico o el del plomero, el tirador, el masajista, el arquitecto, el banquero, el pintor, el maestro, el escritor, el joyero, el payaso, el mago, el cura, el corredor de bolsa, el velador, el químico, el mandón, el ojete, el torcido, el tranza, el quihúbole, el huevón y el galán, tipos que por lo demás en el mundo se combinan y resultan en gran variedad de rasgos e ilusiones, secretos, tesoros y etcéteras.

Pero luego pensé: mejor que cada quien se encargue de su propio Padre, si así le parece. Y, si no, pues que ahí quede. Pero si *oui*, entonces esta suerte de haber tenido un Padre a toda Madre -y de poder narrarlo-, servirá de mucho, van a verlo, en sus propias vidas.

25

Algún día tendré que dejar de pensar en mi padre, terminaré de agradecer lo que hizo por mí y le daré vuelta a la página. ¿Será posible?, ¿una página?

¿Qué te enseñó tu padre?,
¿Qué es lo que amaba?

Mi padre amaba casi todo en la vida, podría escribir, pero sería demasiado vago. Amaba el helado de vainilla que comía cada vez que Mamá le daba chanza. Amaba el pan dulce: le recuerdo feliz saliendo de la panadería, abrazado a su bolsa de papel color café claro, hasta el tope de conchas, su cara con la mejor sonrisa, pensando en que más tardecito las comería en casa, con hijas y nietos.

Amaba su cartera gorda, amarrada con una liga, sus calcetines color naranja, amarillo o verde pistacho, sus velices cromados. Amó sin lugar a dudas a sus once hijos, veintiocho nietos y diez bisnietos que le tocó conocer, con cada uno tuvo un relación personal, profunda, mantenía contacto, nos procuraba, cada semana a todos nos hablaba y nos preguntaba qué había de nuevo, cómo iban los proyectos, se encantaba con lo que hacíamos, mi periodiquito El ALFILer lo gozaba y lo presumía, me enviaba temas.

-Amaba el estadio de soft que construyeron con su dinero y su nombre en La Rosa, el pueblo donde nació-, dice mi hermano mayor, que es otro buen Beto.

Foto: Olivia Ramos Campa (2013).

Papá siempre fue solidario con los de su generación, los recordaba y procuraba con gusto, los encontraba en las ciudades donde vivían y si andaba en una de ellas se reunían en sus casas o se iban a alguna cantina. Papá administraba el fondo mutualista de ayuda, pago de marcha, préstamos y demás que tenían, firmaba papeles y luego le enviaban dinero a la viuda de algún compañero agrónomo recién fallecido. -Ya solo quedan tres-, dijo poco antes de llegarle su turno.

26

De la ciudad capital del estado de Coahuila de Zaragoza, en un país al que llamamos México, perteneciente a un planeta que le pusieron Tierra, que gira alrededor de una estrella denominada Sol, Tonatiuh o astro rey -único Padre nuestro, con toda justicia-, en una galaxia bautizada como la Vía Láctea, una de tantas de las millones de millones que componen el Universo, de ahí, de Saltillo al poblado de nombre La Rosa, Coahuila, hay una distancia no mayor a cuarenta kilómetros.

Ahí nació mi Padre.

Yo ahora, curiosamente, cuando más siento su presencia y su espíritu que ronda, no es en casa ni junto a mis hermanos y hermanas, sino en la entrada al graderío del pequeño estadio del club deportivo Castores, que está afuera de La Rosa, en la salida a Saltillo, por donde paso a veces cuando voy de Monterrey a Torreón -o viceversa-, en el eterno retorno. Está grabado sobre la puerta de entrada, con letras grandes su nombre: HERIBERTO RAMOS G

Ahí me siento un rato, a recrearme y a recrearte: te imagino corriendo detrás de las chivas o cazando ardillas o lagartijas, subiendo los cerros a la redonda; te veo sonriendo con don Pancho, doña Panchita te lee cuentos y adivinanzas, veo tu cara en el momento en que te llegó la beca. Y, entonces, respiro hondo, registro, repaso y resumo: Papá, un Padre padre.

Hijo de la revolución, participante en la construcción del México moderno, priísta, liberal, empresario, educador, viajero y galán hasta donde las circunstancias dejaban; simpático, curioso, jugador de ajedrez, lector no muy literario, como mi Madre; presidente municipal, diputado federal, presidente del consejo directivo fundador de la Universidad Autónoma de La Laguna, presidente de la Federación interamericana del algodón, de la Cámara de Comercio de Torreón y de cuanto pudiera; de los que sabían mandar, hablaba en público cada vez que había chanza.

Le tocó crecer en la época de bonanza.

En las décadas del desarrollo estabilizador mexicano fuiste *pitcher* y *catcher*, avicultor, viticultor, capricultor, nogalero, dirigente de algodoneros; funcionario público a nivel nacional, representante del gobierno de tu país a nivel internacional, desarrollador urbano, promotor de la comunidad, un hombre muy hábil, no obstante incapaz de sustraerte a los límites de tu tiempo, levanta dedos en la legislatura del 68, abogaste por la moderación y mesura en tus hijos estudiantes, como que conocías sobre las dimensiones y perversidades del régimen.

27

La imagen más hermosa, ya indeleble, que tengo del viaje que no tiene retorno, del pasaje a mejor vida -o de la forma de dar un pésame-, la grabé al leer una carta que unos amigos de mis Papás, le enviaron a Mamá cuando murió el Jefazo.

No recuerdo exactamente sus palabras, pero escribieron ellos algo así como...

...Cuando una persona conocida tuya muere, es como si se fuera en un barco, que al levantar el ancla comienza, poco a poco, a retirarse de la orilla del muelle donde tú quedas... y el barco, que lentamente empieza a alejarse, cada vez parece más diminuto, hasta llegar al punto en que se difumina y dejas de verlo, *pero*... en ese preciso instante, fugaz el momento en el horizonte, no es que el barco desaparezca, sino que poco a poco se hace visible desde otros lados, comienza a ubicarse en los lugares a donde va, donde se encuentran quienes se fueron antes...

Imaginé entonces que todos te recibieron gozosos, Papá: don Pancho y doña Panchita; Federico, tu hermano; Enriquito, tu hijo; Betito, tu nieto y...

Hasta luego mi buen.

Espero que no sea pronto.

Terminé esta edición en
Hermosillo, Sonora, México,
en agosto de 2014; fue, para mí, toda una proeza,
hacerlo para su distribución comercial por internet

Made in the USA
Lexington, KY
05 September 2014